U0053345

# 尼泊爾史

Nepal

## 雪峰之側的古老國度

洪 霞——著

三民書局

# 增訂二版序

　　十多年前撰寫尼泊爾史時，我尚未踏足雪山王國，更多的是依據文字材料。十多年後，對喜馬拉雅山腳下的這個古國，已經有了身臨其境的感知。

　　尼泊爾很美，終年不化的積雪，閃爍著銀光的天空，挺拔俏麗的山峰，布滿綠草的峰巒，山谷裡的炊煙裊裊，蜿蜒河流的波光粼粼，靜謐湖泊上傳來的鳥鳴，身著絢麗紗麗的尼泊爾美女……一切宛若在夢中。

　　記得初到尼泊爾第二大城市、最負盛名的旅遊城市博卡拉（Pokhara），正在下雨。空氣清涼濕潤，到處綠樹成蔭，街上可以看到不少英式建築，那情景彷彿是到了初夏時節的英倫三島。晚間入住「香格里拉度假村」，滿地落英，燈火點點，雨聲潺潺，讓人情不自禁地忘卻俗世，只願「日出而耕，日落而歸」。如果世上真有世外桃源，那麼博卡拉一定是。

　　博卡拉市區北邊，地勢漸高，喜馬拉雅山脈猶如屏障橫亙天邊，連綿不斷的雪峰矗立在天空的邊緣。魚尾峰、安娜普爾娜峰（Annapurna）等數座雪山，距博卡拉市區最近的距離為三十多公里，天氣好時，在市區每一個角落都可以看到雪山的壯美。特別是魚尾峰，峰頂形似魚尾分裂為二，朝霧夕暉之間，隨處抬頭可見。

　　薩朗科 (Sarangkot) 位於博卡拉的西北方，海拔 1,592 公尺，是遠眺魚尾峰和安娜普爾娜峰的最佳觀景點。在清晨的薄霧中等待，東方群山的帷幕次第被染上金黃，湖面河谷的霧靄升起，太陽在雲層後悄悄運轉，映照著壯麗連綿的雪山之巔。稍頃，朝霞點亮了陡峭的魚尾峰，整個喜馬拉雅山脈一片史詩般的輝煌──只有這聖山才有如此恢弘的日出。

　　博卡拉的費瓦湖 (Phewa Lake) 自古就是尼泊爾王室度假的地方，蒼翠茂盛的植物和聖潔優雅的雪山構成強烈對比，湖光山色之美不遜於瑞士。觀賞雪山倒影最好是划船到費瓦湖南岸，清澈明淨的湖水倒映著壯麗而又遺世獨立的雪山，小船靜靜滑行在夢幻般的、水天一色的湖面上，此情此景引人無限遐想，景致極為醉人。於湖邊小憩，品一杯咖啡，不一會兒費瓦湖上又逐漸山色空濛。這陰晴不定的季節，像極了中國江南的梅雨，卻難得心底燦爛若晴空、明朗如白雪。再來一份正宗尼餐，「放懷天地外，得意水雲間」。

　　不僅僅是博卡拉，可以欣賞喜馬拉雅山全景、親眼目睹包括珠穆朗瑪峰在內的二十多座山峰的納加闊特 (Nagarkot) 也同樣令人難忘。清晨，太陽在雪山後冉冉升起，整個山脊晶瑩剔透，讓人蕉然醒悟：你正在近距離地欣賞喜馬拉雅山的風光，這實在是人生難得的經歷。此外，首都加德滿都郊區，我曾在住處的玻璃門上看見標識：「開門後迅速關上，否則會有猴子竄入室內」，生態環境之好由此可見一斑。

　　單純從自然風光來看，尼泊爾很容易讓人聯想到瑞士，也確

實被譽為「亞洲的瑞士」。但是尼泊爾與瑞士有天壤之別，在經濟統計資料上，前者是世界上最落後國家之一，後者則是世界上最富裕的國家之一。瑞士是 360 度無死角的美，公路平整，街道清潔，尼泊爾卻是只能兩眼看天上的雪山不能低頭看腳下的國度。五星級度假村裡，你不會了解真實的尼泊爾。

截至 2016 年，尼泊爾有公路約 29,157 公里，其中除了中國援助建設的極少路段，所謂的公路完全可以想像成中國某落後鄉村可以通車的那種土加石子的山路。從加德滿都到博卡拉不過二百多公里——這在道路狀況良好的國家裡是很短的距離，但在尼泊爾開車卻需要 7～8 個小時。道路的一邊是喜馬拉雅山麓（即便使用尼泊爾本地的電話卡，也時常沒有網路），另一邊往往是河流，讓人憂心行車安全的同時，也憂心這個國家的基礎建設。畢竟，道路系統是一個國家經濟發展的命脈，而尼泊爾的特殊地形地貌使得公路建設非常困難。若遇下雨，到處泥濘，經過一些小鎮時也能看到當地人滿腳都是淤泥，和那些破舊的房屋融為一體，一些小賣部甚至把出售的日用品放在門口的污泥中。想來，生活在這樣環境中的當地人，是感受不到自然風景之美的。

博卡拉亦是如此，你的關注點只能是度假村和景點，因為往返兩者之間你會發現：度假村周圍房屋、道路狀況十分不堪，而且即便在景區附近的飯店，物價也並不便宜，明顯是供應給遊客的——和當地人交流後，會讓你知道普通尼泊爾人根本消費不起。即便是首都加德滿都，其狀況也好不到哪裡去。整個城市最多只能及得上中國的一個縣城，沒有高樓、沒有大商場，公車內擠滿

了人而外部布滿灰塵，很多道路一路顛簸有如鄉村……到處衛生狀況堪憂，連唯一的國際機場也不例外——這曾讓我好奇該機場如何接待外國元首。

此外就是不斷地停電，這當然是尼泊爾供電能力不足所致。每家酒店浴室裡都有蠟燭，在尼泊爾待幾天後就明白，沐浴之前千萬要先點上蠟燭。記得在納加闊特，斷電時到處一片漆黑，畢竟窗外是喜馬拉雅山，連個路燈都不會有。這樣的經歷，在瑞士是遇不到的。

因此，了解尼泊爾歷史的人，很難把視點完全放在風景、古蹟之中，會情不自禁地思索這個資源貧乏的國度如何才能擺脫貧困。查閱資料，也不樂觀：尼泊爾工業基礎薄弱，規模較小，機械化水準低，發展緩慢，以輕工業和半成品加工為主，主要有製糖、紡織、皮革製鞋、食品加工、香煙和火柴、黃麻加工、磚瓦生產和塑膠製品等。農業人口占總人口約80%。耕地面積為325.1萬公頃。主要種植大米、甘蔗、茶葉和菸草等農作物，糧食自給率達97%。

稍感欣慰的是：尼泊爾現行教育體制分為初等、中等和高等三級。初等教育為五年（小學），中等教育為七年，包括初級中等教育三年（初中），中級中等教育二年和高級中等教育二年。高等教育為八年，包括本科三年、碩士二年、博士三年。尼泊爾實行十年免費教育制，學費全免，就學率為65.94%。

十多年前撰寫尼泊爾史，關注的是它奇幻的風景和餘韻嫋嫋的中世紀色彩；十多年後，我更希望尼泊爾能發展起來，能有一

個美好的未來。此外，鑑於尼泊爾二十一世紀初已經發生政體變革，原先的王國變成了共和國，故將書名更改為《尼泊爾史——雪峰之側的古老國度》（原名為《尼泊爾史——雪峰之側的古老王國》），敬請讀者理解。

　　最後，感謝三民書局願意再版拙作，特別感謝編輯對本書細緻而辛苦的編輯工作，才讓本書付諸出版。

洪　霞

2022 年 4 月

# 自　序

　　說起來很有意思，最初對尼泊爾有一些感性認識，是因為讀了梁羽生先生的武俠小說《冰川天女傳》，那裡面有一位像尼泊爾萬年冰川一樣美麗高潔的俠女，一位有著中尼兩國血統的尼泊爾公主。於是便順帶了解了喜馬拉雅山脈南麓還有一個高山王國尼泊爾，這個古老的國度雪峰林立，冰川密布，山河秀美，民風淳樸，充滿著神祕而迷人的色彩。

　　其實我對尼泊爾並不陌生。年少之時就知道西元前古代印度曾出現過一個偉大的宗教人物——佛陀。面對人世的無邊苦海，他提出了擺脫苦惱的「四諦」、「八正道」。所謂「四諦」首先乃是苦諦，即人生的本質是痛苦而不是快樂。其次是集諦，即尋找本質的苦的根源何在？佛陀認為，苦難的根源是由人自身的欲望造成的，因為欲望不能被滿足而有了痛苦。因此，便有了滅諦，即解決痛苦的方法是消滅欲望。最後是道諦，也就是如何消滅欲望？佛陀提出了「八正道」之說，即正見、正思維、正語、正業、正命、正精進、正念、正定。通過這八正道，人生才能消滅痛苦。雖然佛陀的理論並沒涉及到痛苦的客觀根源，但在解釋人生苦難的主觀根源上卻仍不失為真知灼見。佛陀的誕生地當然就是尼泊爾，他本是古代尼泊爾一個小國的王子嘛！對尼泊爾的了解自是

因佛教而加深一層。然而，那時卻並不知曉尼泊爾與印度之間到底差異何在，也更不要說清楚尼泊爾的歷史與現在了！

　　真正開始了解尼泊爾是在讀研究所期間，那時我研究的課題便是英聯邦的形成。作為印度的一個鄰國，尼泊爾也不可避免地進入英帝國的勢力範圍，於是開始閱讀有關尼泊爾的史書，讀到了曾令英軍敬佩不已的對手——廓爾喀士兵 (Gurkhas)，讀到了無數可歌可泣的英雄事蹟。不過直到這時，也仍然認為現在的尼泊爾只是一個落後得近乎停滯的小國家，它的困難無法在短期內解決，它也不可能在國際舞臺上扮演重要角色。可就在 2001 年初夏時節，尼泊爾卻發生了震驚世界的「王室滅門血案」，雪山王國一下子引起了全世界的關注。對王室悲劇的惋惜與哀痛之情，對悲劇背後的宗教與外交背景的反思，對本已被貧困所折磨的古國未來走向的迷惘，成為當時一切關注尼泊爾局勢的人們所矚目的焦點。恰在此時，三民書局有意出版一本關於尼泊爾的史書，於是欣然提筆，願向讀者介紹雪峰之側的古老王國的山川地貌、風俗民情、歷史發展、英雄業績以及所遇困境等等。

　　關於尼泊爾，我認為首先應該明確的是，尼泊爾雖然和印度有著千絲萬縷的聯繫，但是它絕不同於從印度中分離出來的巴基斯坦與孟加拉，在大部分時間內，它不是印度的一個部分而是獨立發展的。早在西元前，尼泊爾就已經建立起統一的王國，先後歷經奠定尼泊爾文化基礎的克拉底王朝、開疆拓土的李查維王朝、盛極一時的馬拉王朝、外患頻仍的沙阿王朝以及黑暗的拉納家族的統治，而後沙阿王朝再次復興。可以說，尼泊爾也是個具有兩

千多年歷史的文明古國，雖然也曾經歷過分裂與動盪，但是該國還是在大多數時間內保持為一個統一的政權。這與印度幾千年來只不過是一個地理名詞而無真正的統一是完全不一樣的。在周邊皆為大國的喜馬拉雅山麓中段，尼泊爾王國能夠長久地持續下去，實在是個奇蹟！正因為有這樣的歷史發展，尼泊爾的社會與文化才具有自身的連續性，而絕不是周邊優勢文明的翻版。

也正因為有這樣一個特點，尼泊爾才能夠在兩千餘年的歷史發展中保持著一種相對和諧穩定的局面，沒有因為宗教、民族的多樣性而發生危及國家安全的衝突。它有三十多個民族，數十種語言，卻懂得民族間的寬容與尊重，從未發生過類似於印巴分治那樣導致生靈塗炭的爭端；它是佛教的發源地，卻引進了後來成為國教的印度教，兩大宗教倒也相安無事，尼泊爾人甚至可以同時信奉印度教和佛教。多種文化的和諧共處，構成了尼泊爾最為寶貴的財富。它極富特色的建築藝術，它眾多的宗教聖地，它絢麗多姿的節慶活動，無不是各族人民共同創造的，也成為今天尼泊爾最為吸引人之處！今天的尼泊爾正是利用它獨具特色的雪山和民族風情，吸引著來自世界各地的觀光客。可以說，尼泊爾有的不僅僅是自然風光，還有兩千多年歷史積澱下來的獨特文化。

然而，作為一個地處封閉環境中的古國，尼泊爾和世界上很多國家一樣，也有許多不利因素。它境內雪山連綿不絕，雖然為其旅遊業提供了得天獨厚的條件，但也帶來了交通不便、資源稀少、農業基礎薄弱等困境。更為重要的是，長期的閉關自守以及依靠大國的外交政策，特別是拉納家族長達百年的獨裁和愚民政

策,造成了尼泊爾與國際脫節久遠,工業無法起步,教育極端落後,醫療無從談起,成為世界上最落後的國家之一。第二次世界大戰之後,尼泊爾推翻了拉納家族,重新恢復了沙阿王室的榮光,開始了爭取民主、擺脫貧困的道路。可是,積貧積弱豈是一時半刻所能解決的!半個世紀過去了,尼泊爾的民主政治不過剛剛起步,外交上亦是唯印度馬首是瞻,貧困更是它揮之不去的陰影。及至王室血案發生,尼泊爾國內政局動盪,外交局勢微妙,反政府勢力加劇,所有這一切都表明,古老的雪山王國何去何從令人堪憂……。

尼泊爾不是個人人都了解的國家,雖然它不乏迷人之處;而我想通過這本書讓讀者了解的,正是尼泊爾的全方位面貌,感謝三民書局給了我這個機會!由於資料和自身水平有限,書中缺陷在所難免,敬請讀者諒解與指正!

洪 霞

2004 年 1 月於南京

# 尼泊爾史
## 雪峰之側的古老國度 目 次 | *Contents*

# 前　言

　　喜馬拉雅山景色優美，無論是暴雪飄飛還是斜陽夕照，總是給人無限悠遠的遐想、神祕莫測的靈感。在這座世界最高山脈南側的腳下，是被稱為「雪山之國」的尼泊爾。尼泊爾，人們除了知道它是南亞一個風景優美的小國外，對之了解甚少。對於大多數人而言，它就像喜馬拉雅山一樣冰川密布、遠離塵囂，充滿了奇幻的色彩。然而，這個國家的歷史源遠流長，文化瑰麗多彩，它所擁有的不僅僅是雪山。

　　尼泊爾全稱為尼泊爾聯邦民主共和國 (Federal Democratic Republic of Nepal)。它是南亞的內陸國家，東面、南面與印度交界，北以喜馬拉雅山脈為界與西藏接壤。面積 147,181 平方公里，東南至西北長約 800 公里，南北寬約 140～240 公里。境內有世界最崎嶇險峻的高山地帶，地勢險峻，峰巒疊嶂，海拔 1,000 公尺以上的地區占全國總面積的一半以上，超過 7,600 公尺的高峰達五十多座，有「高山王國」之稱。打開亞洲或南亞的地圖，乍看起來，尼泊爾似乎是個小國，其實它的領土比歐洲的希臘、保加

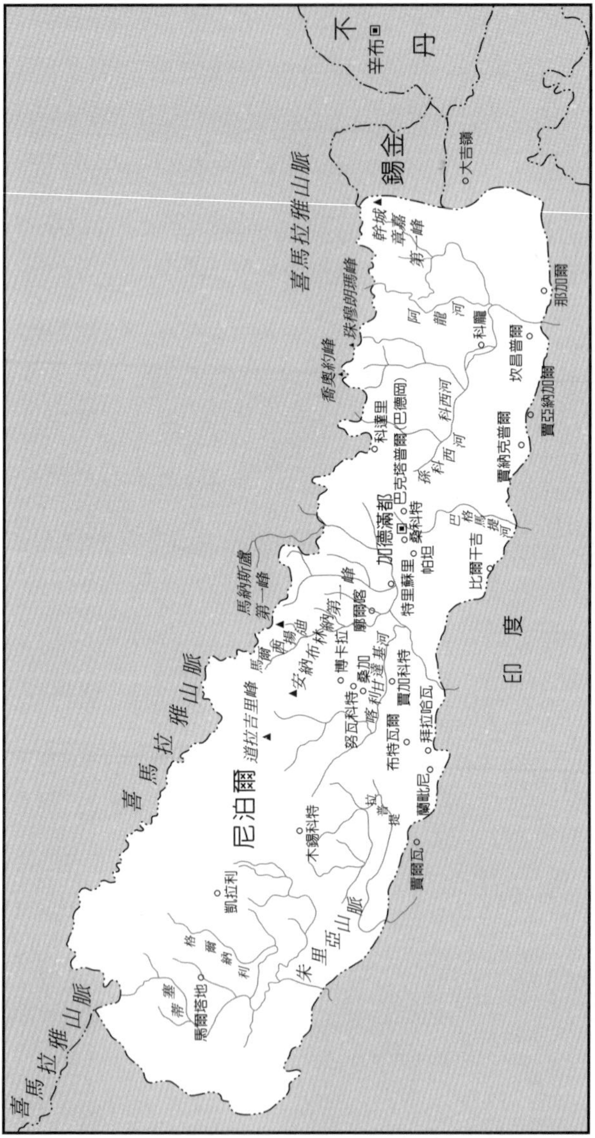
不丹
辛布
錫金
大吉嶺
喜馬拉雅山脈
干城章嘉第一峰
珠穆朗瑪峰
喬奧約峰
馬納斯盧第一峰
安納布林納第一峰
道拉吉里峰
尼泊爾
加德滿都
巴克塔普爾(巴德岡)
帕坦
特里蘇里
廓爾喀
博卡拉
桑加
木錫科特
凱拉利
馬爾塔地
朱里亞山脈
賈爾瓦
藍毗尼
布特瓦爾
拜拉哈瓦
賈加科特
比爾干吉
賈納克普爾
賈亞納加爾
坎昌普爾
那加爾
科龍
科達里
阿龍河
科西河
孫科西河
巴格馬提河
卡利甘達基河
格爾納利
拉普提
塞蒂
印度

圖 1：尼泊爾簡圖

利亞、捷克或斯洛伐克四國中的任何一個都要大；它的面積大約相當於荷蘭、比利時、丹麥和瑞士四國的總和。

尼泊爾是中國的親密友好鄰邦，自古以來就與中國關係密切。在中國的古代文獻上有很多關於尼泊爾的記載，不過這些記載對尼泊爾使用的名稱很不統一，有時稱「泥波羅」，有時稱「劫比羅伐窣堵」或「迦毗羅衛」，有時稱「蘭毗尼」，到明朝時稱「尼八剌」，到清朝時則稱「廓爾喀」。

關於「尼泊爾」一詞的來源，有各種不同的解釋。一種說法認為這個詞來自藏語。因為在藏語中，「尼」這個詞的意思是「家」，而「泊爾」一詞的意思是「羊毛」，由於尼泊爾過去盛產羊毛和毛紡品，所以就逐漸被稱為「羊毛之國」，即「尼泊爾」了。另有一種說法認為，由於尼泊爾處於中國和印度兩個大國之間，所以取得了現在的這個名稱。因為在尼瓦爾語 (Newar) 裡，「尼」的意思是「中間的」，「泊」的意思是國家，所以「尼泊」的意思就是「中間的國家」，而「尼泊爾」就是由「尼泊」這個詞演化而來。

尼泊爾境內由南至北有四個連續的自然地理帶：沿印、尼邊界的德萊平原 (Terai)、朱里亞丘陵 (Churia Hills) 和丘陵以北的內德萊區、中部山區及大喜馬拉雅山脈。山地約占全國總面積的80%，平原和谷地約占 20%，森林約占全國總面積的三分之一，主要分布在中部山區和南部平原地區。德萊平原地勢低平（海拔大約是 180～360 公尺）、土壤肥沃，是恆河平原的北部延伸，寬約 26～32 公里。平原南部為農業區，與山脈丘陵交接處多沼澤和

圖 2：尼泊爾地勢險峻

森林。人口稀少的朱里亞丘陵和內德萊區地勢升高，與崎嶇的默哈帕勒德山脈（海拔約 600～910 公尺）相接；山間盆地則多森林。位於默哈帕勒德山脈與大喜馬拉雅山脈之間的中部山區有一系列高度為 2,400～4,300 公尺的複雜山系，其間有加德滿都和博卡拉兩個平坦谷地，巴格馬提河和塞蒂河分別從這裡流過。大喜馬拉雅山脈高 4,300～8,800 公尺，區內有數座世界最高峰——珠穆朗瑪峰（8,848.86 公尺）、幹城章嘉第一峰（8,585 公尺）、馬卡魯第一峰、喬奧約峰、道拉吉里第一峰（8,172 公尺）、馬納斯盧第一峰和安納布林納第一峰——高度均超過 8,000 公尺；其中珠穆朗瑪峰為世界第一高峰。在尼泊爾北部的雪峰峽谷之中，不斷傳來雪人行蹤的奇聞，更增添了尼泊爾的奇幻色彩。科西 (Koshi)、那拉雅尼（根德格 Gandaki）、格爾納利 (Karnali) 三條河

向南流經喜馬拉雅山脈的橫谷，它們均為尼泊爾的主要河流，水力發電資源豐富。

尼泊爾境內的氣候變化多樣，德萊平原為亞熱帶季風氣候，大喜馬拉雅山脈屬高山氣候。德萊平原東部年降水量為1,800～1,900公釐，德萊平原西部地區則為760～890公釐。德萊平原低地在季風季節（7～10月中旬）時有嚴重洪災。德萊地區南部的冬季（11～3月）平均氣溫為19℃，山間盆地則為13℃。兩地的夏季（4～6月）平均溫度分別為28℃和21℃。

尼泊爾主要的自然資源之一是森林，約占國土面積的六分之一。正如尼泊爾諺語所說：「森林是綠色的金子」，林區可以為人們提供珍貴的木材、薪柴和草藥。海拔最低處為熱帶潮濕落葉林，有虎、豹、鹿、猴和少數印度犀牛出沒。海拔1,200公尺以上的森林為常綠落葉林（有橡樹、楓樹和木蘭），喜馬拉雅山中部山坡偶有豹和熊出沒。海拔3,050～3,650公尺之間為針葉林，林中有野兔、鹿、羚羊和小型食肉動物。再高的地區則為生長杜鵑花和檜木的次高山和高山草原，其間有麝和野羊等動物。

尼泊爾於2015年實行新憲法後全境劃分為七十五個縣。首都加德滿都人口稠密，是全國的政治、經濟和文化中心。

尼泊爾人口約近三千萬。每平方公里的人口密度為526人。出生率為19‰，死亡率為6‰，人口自然增長率為13‰，超過世界與亞洲的平均值，是個高出生率和高死亡率的國家。境內人口分布不均，有約46%的居民分布在北部山區和加德滿都谷地；約53%分布在德萊平原地區，人口密度也較大。在西北部高山乾旱

區人煙稀少，海拔 4,000 公尺以上的區域，沒有固定居民。尼泊爾全國 93% 的人口生活在農村和小城鎮。城市人口僅占 7%。加德滿都人口占全國城市人口的一半。主要民族有尼泊爾族、尼瓦爾族、塔芒族、馬嘉族、古隆族、克拉底族（包括拉伊族和林布族）、塔魯族、謝爾巴族、孔瓦爾族、塔卡利族、切彭格族和洛米族等等。

尼泊爾由於地理封閉和多年來的自我孤立，是世界上最不發達的國家之一，人均國民生產總值居世界最低之列。其經濟屬市場經濟，以農業為主；經濟的發展得到中國、印度、德國、美國、加拿大、瑞士和跨國機構的大量援助。

尼泊爾是個農業國，國民經濟以農業為主，據 2019 年的數據，農業產值約占國民經濟總產值的 32.1%（隨著旅遊事業的發展，服務業的比重更大），農業人口占全國人口的 80% 以上。可耕地總面積為 325.1 萬公頃，糧食生產在尼泊爾農業中占很重要的地位。目前，尼泊爾三大糧食作物依次是水稻、玉米和小麥，其主產區種植面積占比分別為 70.51%、73.77%、56.85%。糧食連年喜獲豐收，使尼泊爾糧食不僅能滿足自己需要，而且有部分餘糧出口。糧食作物主要有水稻、小麥、玉米、小米和馬鈴薯等。經濟作物主要有黃麻、油菜、菸草、甘蔗和茶葉等，近年來不斷擴大種植面積，並獲得較大幅度的增產。尼泊爾在農業上雖然能夠自給自足，但該國由於各地自然條件差異極大，交通不便，兼之社會階層差異大、剝削嚴重，所以各地區在食物的供需方面嚴重失調。

　　園藝種植主要在中部河谷地帶，特別在城市集中的加德滿都谷地，果園遍地都是，種有各種熱帶、亞熱帶果木，主要有香甜的芒果和小香蕉，也種有一些酸果，如橙、檸檬、櫻桃、李子等。菜圃生產在中部谷地也較普遍。畜牧業在尼泊爾經濟中地位僅次於耕作業。牲畜、羊毛和皮革是尼泊爾重要的出口物資，也是國內手工業的重要原料。林業也是一個重要行業。原木砍伐以硬木為主，大多用做燃料；尼泊爾的大部分能源消耗來自木材。普遍以林木作燃料造成了嚴重的森林破壞和土壤侵蝕。目前，在全國已經設有十多個專供種植樹用的樹苗培植場。

　　此外，尼泊爾氣候適宜，河湖水源充足，為淡水漁業的發展提供了有利條件，現全國有養魚場出售魚苗。

　　尼泊爾的工業仍處在發展之中，2020 年資料顯示，工業產值

圖 3：尼泊爾的地毯業相當知名

約占尼泊爾國民生產總值的 13.8%，且約 12% 之人口從事工業製造。政府提倡製造業使用國內原料，主要製成品包括棉製服裝、磚瓦、紙、建材和加工食品。籃子、食用油和棉布等傳統產品由家庭工業生產。最大的出口產品是地毯（占出口總額的 51%）和服裝（占出口總額的 22%）。現在，旅遊業正成為越來越重要的外匯來源。從 1990 年代起，旅遊收入超過服裝業而躍居為僅次於地毯業的第二大創匯產業。目前每年大約有二、三十萬名外國遊客，年收入約為一‧六億美元。然而，旅遊設施並不充足，加德滿都谷地是全國唯一建有必要旅遊設施的地區。尼泊爾的電力大多靠水力發電，全國人均用電量遠遠滯後於亞洲其他大多數國家，甚至城市用電也受到嚴格限制。

尼泊爾的對外貿易被控制在印度的手中，而且印度又進一步對尼泊爾的轉口權加以限制。出口商品主要包括棉布服裝、穀物、黃麻、木材、油菜籽、酥油、馬鈴薯、草藥和皮革。進口商品則以生活用品、礦物燃料及化學品為主。

中央政府的支出（包括用於發展的支出）遠超過經常性收入，這些收入大多來自關稅和貨物稅，以及商業和個人的所得稅。經常性收入和支出之間的差額要靠外援補足，外國援助為尼泊爾政府的五年發展計劃提供了大部分資金。

尼泊爾曾是當今世界上唯一的印度教王國，它與宗教的關係由此可見一斑。尼泊爾境內有眾多的印度教紀念地和紀念性建築，許多節日、風俗、習慣也與印度教有關，常使人發思古之幽情。另外，尼泊爾還是佛教的誕生地，佛祖釋迦牟尼便出生在尼泊爾，

大唐高僧玄奘亦曾來過尼泊爾，這更為尼泊爾的悠久文化添上濃濃的一筆。印度教徒約占全國人口的 81.3%，佛教徒占全國人口的 5.7%，伊斯蘭教徒占 2.7%。此外，還有信奉者那教、天主教和基督教的人。

在政治上，1990～2008 年尼泊爾實行君主立憲制度，國王是國家元首，通過王室的各種機構掌握全國的軍政大權。國王下面設有立法機構和諮詢機構，大臣會議（即內閣）執行政府職能。尼泊爾是不結盟運動的創始國之一。在國際交往中，尼泊爾堅決奉行獨立自主、和平與不結盟的政策，主張在和平共處五項原則的基礎上，同鄰國和世界各國建立友好關係。近年來，尼泊爾人民為維護民族獨立和建設國家事業做出了巨大的努力。

二十一世紀以來，尼泊爾發生天翻地覆的巨變。先是發生「王室血案」，其後議會廢除國王權力，結束了長期的君主制度，成為當時世界上最年輕的共和國。在發展的道路上，尼泊爾雖然取得了巨大進步，但也遇到不少挫折。擺在這個雪山國度面前的道路可謂任重而道遠。

Nepal

第 1 篇

古　代

# 第一章 | *Chapter 1*

# 雪山之國

## 第一節　劍劈出來的山谷

　　據說，很久很久以前，尼泊爾谷地原先是一個名叫納加達哈的大湖。這裡群山環繞，野草叢生，湖水茫茫，根本不宜於人類居住。後來有一個名叫文殊師利的菩薩，不遠萬里，長途跋涉，從中國的五臺山來到了尼泊爾。文殊師利發現這裡是個好地方，便沿著納加達哈湖走了三圈，仔細勘查了周圍的地形，然後施展法術，用劍在湖南邊的山脊上劈開了一個豁口，讓湖水從那裡排出，使這裡變成了適合於人類生活的地方。因為有了這個傳說，所以尼泊爾谷地又被稱為「劍劈出來的山谷」，又名「一刀切」。毫無疑問，這樣的稱謂反映了尼泊爾地勢的狀況與險峻，這和它的地理位置是分不開來的。

　　尼泊爾境內，北部綿延著高聳的喜馬拉雅山脈，中部山地嶺谷交錯，南部自西向東分布著狹長且起伏不大的平原。全國有一

半的地方海拔在一千公尺以上。從北部的珠穆朗瑪峰南坡的國境線，直線距離只有一百七十多公里，但高度落差卻達八千多公尺。從北向南急劇下降的地勢，增添了尼泊爾山河宏偉壯麗的景觀。

尼泊爾位於喜馬拉雅山脈中段最高部分的南麓，東、西、北三面海拔高度都在三千公尺以上。喜馬拉雅本是梵語，意謂「雪之家」，它的山脈有不少高峰坐落在尼泊爾境內或它的國境線上，在尼泊爾共有二百多座海拔高度六千公尺以上的雪峰，其中超過八千公尺的高峰有三個，就是西北部的道拉吉里第一峰、東北與錫金交界處的幹城章嘉峰和中尼邊境上的珠穆朗瑪峰。高峰上都覆蓋著萬年冰雪，遠處遙望這些高峰，一座座閃爍著銀白色的光彩，好似聳立在雲端上的海島一樣。

珠穆朗瑪峰是喜馬拉雅山脈的主峰，為世界第一高峰，它坐落在中國西藏南部城布寺的南面、尼泊爾加德滿都的東北面。「珠穆朗瑪」是藏語「女神」的意思，尼泊爾人則更喜歡稱它作「薩加一瑪塔」，這是一個梵語的複詞，「薩加」意為「天」，「瑪塔」意為「頭」或「山峰」，這兩個詞合在一起便是「天庭之首」之意。珠穆朗瑪峰巍然屹立在白雪皚皚的群山之上，氣勢雄偉壯麗，在一百公里以外的地方就能看到它那金字塔形的峰頂了。不過，這座山峰在尼泊爾境內的南坡並不如在中國境內的北坡那樣陡峻。

多少萬年以來，在喜馬拉雅山上不斷積滿了冰雪，形成各種各樣絢麗多姿的冰川地形，有綿延一、二十里長的高山冰川，有像水晶宮一樣的冰窖，還有像琉璃塔似的高達二、三十公尺的冰

圖 4：珠穆朗瑪峰

塔。在喜馬拉雅山脈的南麓，緩緩下移的高山冰川到五千公尺高度的夏季雪線以下，就融化為流水，沿著陡坡下瀉，咆哮奔騰，切割成深邃的河谷，縈繞在千山萬壑之間，縱橫流貫在尼泊爾境內。

　　尼泊爾境內的河流，主要有呼納卡那里河、喀利甘達基河、巴格馬提河、孫科西河和阿龍河等。喜馬拉雅山脈的中段雖然高峻，但這些河流（除巴格馬提河外）的發源地卻遠在喜馬拉雅山以北的西藏高原上。它們向南穿山越嶺，匯集數以百計的大小河流，在尼泊爾南部形成哥格拉河、幹達克河、巴格馬提河和科西河四大水系，匯入印度的恆河，流入孟加拉灣。

　　尼泊爾境內的河流順著地勢奔流向南，切穿過一層層東西向的喜馬拉雅山脈，在尼泊爾的中部，有時又沿著山脈轉為東西流

向，然後再穿過山嶺繼續向南流。當這些河流穿切一層層山嶺時，往往形成高達數十公尺、兩岸陡峻的河谷，巨大的漂石在河底滾動，發出隆隆的聲響，漩渦翻騰，浪花飛濺。在有些深窄的河谷裡，例如中部博卡拉河谷中的色地河，河谷最深處達六十公尺，谷地頂部最窄的地方僅寬一、二十公尺，使得從上面經過的人並不感到這是一道峽谷，只覺得這是一道深溝。河谷兩壁很陡，坡面參差不齊、犬牙交錯。有的地方谷底的流水細如一縷，有的地方只聞水聲響，不見流水來，蔚為壯觀。這種奇異的現象是這樣形成的：在山脈形成之前河流就已經存在了，山地的隆起加強了河流向下切割的能力，因而形成了深谷。但在有些地段，河流在群山中蜿蜒回轉，也展現出很多寬廣的谷地。

　　尼泊爾最著名的河谷盆地，是巴格馬提河上游的加德滿都河谷盆地。這個河谷盆地正處在尼泊爾中部的高低山脈的過渡地帶，原是古代一個冰川湖的遺址。現在，在盆地中高一級的階地上，還可以看到由棕色砂岩組成的古代冰湖的沉積物。據說，由於加德滿都谷地的湖水被排乾後，不適合人類生存，天神便鑿穿山脈，讓巴格馬提河之水流入谷地。這個河谷盆地的形狀是一個不規則的橢圓形，平均海拔 1,560 公尺，寬約 25 公里，長約 30 多公里。河谷盆地和它四周的群山間相對高度為 150 到 1,300 多公尺，景色蔚為壯觀。巴格馬提河和比興馬提河的匯合處沿岸，是尼泊爾人口比較稠密、農業發達的地區。巴格馬提河流過河谷盆地，從一個寬約 10 公尺的峽口向南流去。

　　在加德滿都以西約 160 公里的地方，還有一個著名的博卡拉

圖 5：加德滿都河谷盆地

河谷，河谷面積約 290 平方公里，海拔高度 885 公尺。河谷中還有一些湖泊，最大的為費瓦湖，湖中盛產鯉魚和鱒魚。這裡氣候濕潤，遠眺雪山，近觀流水，芳草如茵，繁花似錦，景色誘人，也是尼泊爾人口稠密、農業富庶地區之一。

尼泊爾的中部谷地以南，為喜馬拉雅山脈的山前低嶺——錫伐利克山，它從西北面印度境內進入尼泊爾，海拔一般 600 至 1,000 公尺，是由石灰岩、砂岩和礫岩組成的山地。此地地勢不高，山坡上布滿了植物，呈現出濃密的叢林景色。從印度向北到加德滿都的公路，盤繞在這裡的山巒和叢林之中。

錫伐利克山以南，便進入尼泊爾南部的平原地帶，通稱為德萊平原。平原東西長約 500 公里，南北寬約 15 至 30 公里。此地降水豐沛、土地肥沃，耕地占全國耕地的 60% 以上，被譽為尼泊

爾的穀倉。

　這就是尼泊爾——喜馬拉雅山脈腳下的雪山之國的地理自然特徵。如此壯麗的山河在整個世界都是極為罕見的，這是尼泊爾人民的無價之寶，也是全世界自然風光中的瑰寶。正因為有如此美麗的風景，今天的尼泊爾才能成為一個重要的旅遊國家，很多人也正是藉由尼泊爾的山川秀色了解尼泊爾的。我們就再進一步看一看這個國家的風俗民情吧！

## 第二節　多民族的國度

　尼泊爾是個多民族國家，據說全國有三十多個民族。其中廓爾喀人（Gurkha，亦稱尼泊爾人）占全國人口總數的 50% 以上，塔魯人占全國人口總數的 4% 左右，尼瓦爾人約占全國人口總數的 30%。這些民族，從其族源上講，大體可以分為三類：第一類是原來就定居在尼泊爾的土著民族；第二類是從西藏來的移民集團；第三類是從印度來的移民集團。他們大部分住在中部河谷和南部的平原地帶，從事農業；北部山區人口稀少，有部分居民從事畜牧業。另外，還有少數尼泊爾人僑居在印度和西藏。

　尼瓦爾人是尼泊爾古老且人數眾多的民族，大多數居住在加德滿都河谷和附近的城鎮。可以說，尼瓦爾人是尼泊爾古代文明的創造者，而且與尼泊爾其他民族相比，這種文化更為完整。作為土著民族，隨著歷史的推移，尼瓦爾的文化也與其他民族的文化產生融合。

　　尼瓦爾人有自己的語言，近似藏語。尼瓦爾族屬雅利安種族，他們原信奉佛教，現在多信奉印度教。尼瓦爾人文化水平較高，在歷史上出現過不少學者、詩人和能工巧匠，他們傳統的工藝是寺塔建築、佛像雕塑，造詣很高。現在該族雖然仍有不少人從事工藝，但大多數人卻從事農業和在各大城市經商。由於尼瓦爾人很善於經商，隨著商業的發展，尼瓦爾人開始向全國各地擴散，不過他們仍然保持著自己的生活方式、文化傳統和職業習慣。

　　尼瓦爾社會有一種特有的經濟組織叫做「古蒂」(Guthi)，類似一種集體信託組織。「古蒂」的主要財產一般是土地，這些土地最初多為某個大戶或幾家大戶所捐贈，久而久之，它漸漸成為古蒂全體會員的公產。「古蒂」的會員大多數屬於同一血統，但也有一些大的「古蒂」組織包括好幾個血統集團的會員。「古蒂」指定一個會員負責管理公產，把土地租給農民，從而收取一定地租。這個負責人要定期向有關神靈或家族的神祇獻祭，並在宗教節日裡為全體會員安排慶宴。負責人每一至五年更換一次，由會員輪流擔任。

　　尼瓦爾印度教徒和佛教徒一樣，都在自己的種姓集團中婚娶。而另一些民族，如拉伊人 (Lai) 和林布人 (Limbu) 的婚姻，則實行自由戀愛，馬嘉人 (Magar) 和古隆人 (Gurung) 也在同一民族中婚娶，多在表親中通婚。如果感情不和，丈夫可以離棄妻子。

　　廓爾喀人主要居住在尼泊爾的中南部，西部也有一部分。他們是在七、八世紀時，從印度北部烏臺浦爾 (Udaipur) 地方移入的拉其普特人和當地的馬嘉人、古隆人長期結合而形成的，多信奉

印度教，屬雅利安種族。廓爾喀民族性格比較強悍，愛好打獵、唱歌，善於爬山。廓爾喀人的經濟、文化均較發達，在全國居於統治地位，大部分王室成員、政府官員和軍官多係這個民族出身。

人們通常稱廓爾喀人為尼泊爾人，其中是有原因的。廓爾喀本是加德滿都以西的甘達基專區境內的一個地名，那裡的民族只不過是尼泊爾人的一部分。中古時期，一個屬於武士階層的切特里種姓集團征服了這個地區；過了不久，印度移民中另一個屬於塔庫里種姓的集團又奪得了這個地區的統治權，並逐漸強盛起來。到了十八世紀，這個王國在普里特維·納拉揚·沙阿大君（Prithvi Narayan Shah，1743～1775 年在位）的率領下，先後征服了加德滿都谷地並統一了尼泊爾。因為這些征服者來自廓爾喀地區，人們便把他們稱為「廓爾喀」人，他們建立的沙阿王朝也常稱作廓爾喀王朝。後來，這個名稱被用來指所有受沙阿王朝統治的人民，廓爾喀甚至成了尼泊爾的別稱。

廓爾喀人身體強壯，喜愛打獵。他們不畏強暴，過去曾和尼泊爾其他各民族一道，多次英勇地抗擊外來的侵略者。現在，他們大多數從事農業。

克拉底人 (Kirati) 是林布人和拉伊人的總稱，是尼泊爾東部山區的主要居民。林布人主要居住在阿龍河以東，拉伊人住在阿龍河以西，這兩個民族和尼泊爾境內其他民族不同，因為他們往往互相通婚，所以總稱為克拉底人。他們是尼泊爾東部的古老民族，有適應山區自然環境的特點，能吃苦耐勞，善走山路。

古隆人和馬嘉人主要居住在尼泊爾西部的山區，大多數人以

農業和打獵為生。

現在居住在尼泊爾東北部珠穆朗瑪峰山腳下的幾條狹窄河谷裡的民族，是謝爾巴人 (Sherpa)。他們能適應高山氣候，不畏艱險，擅於爬懸崖、過陡坡。各國登山勇士歷次從喜馬拉雅山脈南坡登山、征服一座座雪峰的英雄壯舉中，都有他們的功績，因此被譽為「雪山之虎」。他們總數約七、八萬人，在人種上屬藏族，文化、信仰和風俗習慣上大體上也與藏族相同。而他們的名稱謝爾巴人，意即「東方的人」。

由於謝爾巴人長期與嚴峻的自然環境抗爭，所以養成了強壯矯健的體魄和勇敢、頑強、堅忍不拔的性格，具有極強的耐寒能力。他們善於爬山，所以常替登山者作嚮導或從事後勤搬運工作。

謝爾巴人與尼泊爾東部地區的其他民族相比，可以說是富有的，主要是因為他們善於從事尼藏之間的商販活動，用穀物、酥油、畜群、紙張、皮革和糖酥換取西藏的鹽和羊毛。謝爾巴人紡織用的羊毛幾乎全部來自西藏，每年每戶人家幾乎都要去西藏一次，以從事這種貿易活動。

塔芒族 (Tamang) 多分布在尼泊爾北部和加德滿都谷地東西兩側的山區裡，主要信仰佛教。他們的社會地位較低，多以務農為生，一小部分人從事伐木搬運或以當兵為生。而從事農業的塔芒人大部分是佃農，嚴重受剝削，所以生活貧困，文化比較落後，巫術相當流行。在塔芒人中，有一類叫做達彌斯 (Dhamis) 的人很受尊重，他們靠草藥和巫術為人「治病」。

塔魯人 (Tharu) 主要住在尼泊爾南部的平原地方，也是那裡

的原來居民。他們主要靠耕作、捕魚和狩獵為生。

　　此外，還有孔瓦爾、塔卡利、切彭格、洛米等民族。

　　尼泊爾各族都能歌善舞，所以創造出許多著名的古典舞蹈以及旋律和諧的民歌。在節日裡，可以看到他們吹著笛子，唱著富有民族特色的民歌，跳著民間舞蹈。這些舞蹈造型優美，音樂節奏感很強，有表現尼泊爾農民慶祝豐收的豐收舞，也有象徵善惡鬥爭的古典舞。古隆人和馬嘉人的很多舞蹈，還饒有山區民族的特點。

　　由於尼泊爾的多民族性，相應的有三十餘種語言，其中十四

圖 6：尼泊爾的民間舞蹈

種語言有文字。國語是尼泊爾語,尼泊爾語本稱廓爾喀語或卡斯庫拉語或巴爾帕蒂亞語,在書寫上使用的是天城字體。

尼泊爾的各種語言和方言分屬三大語系:印歐語系、藏緬語系和亞澳語系。在印歐語系中,以尼泊爾語為最重要,由於官方的提倡和推廣,它在尼泊爾幾乎到處可以通行,特別是在中部地區和德萊平原,德萊地區通行的梅蒂利語、博傑普里語、阿瓦迪語等均屬這一語系。在藏緬語系中,以尼瓦爾語為最重要。這種語言主要通行於加德滿都谷地。這是尼泊爾一種很古老的語言,在谷地的不同地區又有不同的方言,最主要的有六、七種。尼泊爾的大量古代文獻,主要是宗教文獻,除使用梵文外,便是用尼瓦爾文寫成。屬於藏緬語系的語言還有通行於最北部山區的謝爾巴語;通行於東部地區的克拉底語、拉伊語、林布語和西部地區通行的古隆語、馬嘉語等。亞澳語系的語言較少,只有哈尤語和塔米語。

除尼泊爾語外,由於它曾是英國的殖民地,英語在尼泊爾也頗為通行。尼泊爾的上層人士、政府官員和知識分子一般均能用尼、英兩種文字講話和寫作。此外,印地語在德萊平原的一些地區也通行。許多商人會講印地語。

尼泊爾各族人民的文化豐富多彩。古代尼泊爾人在文化、藝術、哲學和宗教方面,都有深湛的、光輝的成就,繪畫更是在世界藝術中極為著名,寶塔式的建築則是尼泊爾人對世界建築藝術的獨特貢獻。現存古代建築的巴德岡雄偉宮殿和一扇「金門」、尖頂的五層寶塔,以及各著名廟宇中的鏤刻佛像和精美圖案等,便

充分地顯示了尼泊爾各族人民勤勞智慧的藝術水平和獨特風格。

## 第三節　「節日之邦」——尼泊爾風俗

　　尼泊爾的節假日很多,有人說,尼泊爾「三天一節,五天一慶」,堪稱名副其實的「節日之邦」。僅官方公布的全國性節日,就有二十多個,民間節日有一百多個。慶祝和紀念活動期間,在農村通常是聚會、跳舞;在城市裡大的節日則有演出、體育表演、群眾集會和廟會。

　　尼泊爾的節日有些是全國性的,有些是地方性的,有些是民族性的,但大多有一個共同特點,就是所有的節日都帶有濃厚的宗教氣氛。除宗教節日和民間喜慶節日之外,凡遇國王外出、國王和王后生日與外國元首來訪,一般也作節日放假。一年中要慶祝的節日多達五十個以上。這些節日大約分為四類:第一類是宗教節日;第二類是歷史節日;第三類是傳說節日;第四類則是節氣節日。每個宗教節日都是紀念一個印度教或佛教神,而尼泊爾有多達 2,733 個神,因此宗教節日可以說不計其數。由於尼泊爾人民具有不同宗教信仰的人相互容忍與和平共處的優良傳統,因此每一個宗教節日都為不同信仰的人所慶祝。歷史節日是為了紀念某一個國王或重大歷史事件。傳說節日則根據一個流傳很廣的傳說或神話。而節氣節日則是祭獻神靈以求得保佑。有些節日只在當地或某一民族中慶祝,而重大的節日則全國同慶。尼泊爾的大多數節日,很難說出它們在西曆的哪一天,這是因為尼泊爾以

超日王紀元確定節日日期，而且各民族決定節日日期的習慣不同。這個曆法始於前 77 年，其年代與西曆的換算為：超日王（印度神話中的英雄人物）紀元年減去 57，等於西元年。

在節日裡，尼泊爾各民族都按照該民族的風俗習慣進行慶祝活動，許多人穿上節日的服裝，一般是男的頭戴平頂圓形黑色的厚帽，上身穿著長過膝蓋的襯衣加外套，下著狹小緊腿的白色長褲；女的穿著長袖上衣，圍著圍巾，佩戴各種金銀飾品，絡繹不絕地參加節日的慶祝活動，這些節日都離不開音樂和舞蹈。鄉村的少男少女，在喜慶節日裡和日常活動中常常唱著抒情歌曲，大都以傳統的民歌曲調即興對歌，男女歌聲此起彼伏，甚為優美。信教的人們，聚集在寺廟裡，唱著被稱為「巴詹」(Bhajan) 的宗教歌曲，以紀念神和女神。在收穫的季節裡，蓋內（遊唱詩人）帶著薩朗吉 (Sarangi，一種民族樂器)，唱著優美的民謠，從一村巡遊到另一村。在像巴克塔普爾 (Bhaktapur) 和帕坦 (Patan) 這樣的城鎮中，還有根據神話史詩表演的古典化妝舞。他們按著歌聲、器樂或鼓的節奏起舞。

下面就讓我們來看一看其中著名的節日。

## 一、德賽因節 (Dashain Jatra)

這是尼泊爾最大最隆重的傳統節日，從尼曆 6 月新月（相當於西曆 9～10 月）開始慶祝，歷時十五天，屆時全國放假十至十五天。節日期間，尼泊爾人全家團聚，走訪親友，與中國的春節十分類似。據說這個節日是為紀念女神戴維 (Devi) 戰勝魔怪麥蘇

瑟 (Mahishasura)。古時候，有個魔鬼叫麥蘇瑟，以公水牛的樣態在人間橫行，傷害生靈。相傳這位牛魔王從濕婆神那裡得到一件法寶，打敗了一切天神，於是天神邀請美麗的女神戴維去征服牛魔王。天神送給她許多法寶，她殺了惡魔，解放了天國。所以德賽因節是歡慶勝利，紀念真善美戰勝邪惡的節日。

這個節日的慶祝方式與印度人的慶祝方式一樣，人們在節日期間殺牛宰羊祭獻，還要用泥土塑造戴維神像。節日的第一天，家家戶戶在壺裡裝滿香水，稱作聖水，並把壺放在沙土上，在壺的周圍撒滿稻秧，然後將這些一齊放進一間潔淨的屋子裡，以預祝農業豐收。從第一天到第六天，人們必須素齋。第七天，當聽到廣場上的鳴槍時，大家紛紛進入祈禱室。這一天，到處呈現節日的歡樂景象。街道上到處是從山區趕來的羊群，人們爭相購買，因為在這天，人們可以開齋食用羊肉。第八、九、十三天最重要，這是節日的高潮。第八天是宰牲日，人們宰殺山羊、水牛、雞、鴨，以祭祀濕婆神之妻迦利女神，並設宴取樂。祭奠儀式中規模最大的在第九天，軍隊為軍旗舉行祭奠，屆時國家高級軍政長官都必須出席。

由於德賽因節是慶賀法力無邊的戴維女神將魔鬼殺死，因而當「九夜」結束時，按照傳統，要舉行盛大的宰殺水牛（魔鬼）儀式。在一個宰殺場內，軍人列隊出場，依次宰殺水牛。在軍樂聲中，軍人手持廓戈利刀 (Kukri)，奮力向水牛砍去，一刀砍掉一個水牛頭，觀看的人們隨即一陣喝采，此外，這一天，飛機、汽車一律停駛，主人用彩帶、花環妝點，再用活羊、活雞的血濺在

機前、車頭。據說經過這樣的祭典，飛機和汽車在新的一年中便可保證安全。婆羅門僧侶在禮拜現場播種大麥，然後每天澆「聖水」禮拜，到第十日由婆羅門把麥苗拔起來分成小股贈送給信徒，信徒們則以禮物回贈。

除此之外，在德賽因節的最後四天，人們紛紛進行社交活動，走親訪友，禮尚往來，盡情歡樂。第十天是接受女神恩賜的日子，又稱蒂卡節。這天人們穿著潔淨的衣服，接受長輩的祝福，並與親友交換朱砂、羔羊等禮物。人們有時還到王宮裡接受國王和王后賜給的一點朱砂。

德賽因節是尼泊爾各族的共同節日。每年當尼泊爾人歡度德賽因節日時，西藏地區的牧民就趕著綿羊從藏北草原跋山涉水不遠千里把羊隻供應給尼泊爾人；尼泊爾人也將產品運銷西藏。

## 二、因陀羅節 (Indra Jatra)

這個節日是尼曆 5 月 8 日（相當於西曆 9 月 26 日左右）舉行。那時，高山王國尼泊爾正值金秋氣爽，氣候宜人之時。因陀羅是印度教的雷電之神，但是加德滿都的印度教徒和佛教徒都慶祝這個節日。這個節日共持續八天。第一天在王宮前面豎一根高柱，所有全國的專業舞蹈者都集中在此，戴上各種各樣的面具圍著王宮跳舞。如果節日期間遇上地震，則被認為是最吉祥的兆頭，節日就必須重新開始，而且必須從發生地震的那一天作為第一日計算節日期。

這個節日包括三種儀式：一是向因陀羅求雨的慶祝儀式。這

種慶祝儀式一般由尼瓦爾人開始舉行，他們挑選出一些民間藝術家扮裝成各種神衹，熱烈地跳著各種宗教舞蹈，向因陀羅神祈求及時雨；二是由釋迦族 (Sakya) 的一個少女扮裝成女神庫馬麗 (Kumari)，並由兩個釋迦族的男孩扮裝成庫馬麗的守護神——象頭神加內什 (Ganesha)、恐怖之神拜拉夫 (Bhairava)，一塊兒駕車出來巡遊全城，供人們膜拜，人們紛紛向他們膜拜並獻花束、花環和花砂粉；第三種儀式是閱兵。這天軍隊穿著嶄新的軍服在街上遊行。據說，1768 年，尼泊爾的征服者廓爾喀王朝的普里特維‧納拉揚‧沙阿大君就是在這一天帶著一批人進入加德滿都，並且取出車上的坐墊後親自坐上去。當時大多數尼瓦爾人都喝醉了，因此他幾乎沒遇到什麼抵抗便征服了加德滿都，尼瓦爾人則逃了出去。但是，近些年來，這種儀式已經被取消了。

　　尼泊爾是世界上唯一崇拜「活女神」的國家，就像西藏過去有崇拜「活佛」的傳統一樣。除了首都之外，在附近的巴德岡、帕坦兩城也都有女神廟，供奉著十來個稱作「庫馬麗」的「活女神」。這些「女神」是從信奉佛教的釋迦族中選出來的。據說選擇的條件有三十個之多，主要幾條是五官端正、眉目清秀、體無傷疤、膽大超人。在挑選時，四五歲的小女孩被關在滿是青面獠牙偶像的陰森房間裡，同時有人模仿鬼哭狼嚎來嚇唬她。如果哪個女孩處之不驚，泰然自若，就被選中，立時成「神」。選中的「女神」被送到女神廟中由專人伺候，直到女孩長到十來歲來了月經，才宣告退位，變成凡人。奇怪的是，原來被崇敬的「女神」，退位之後卻被人們認為是不吉祥的，因此儘管退位「女神」有貌有錢，

圖7：加德滿都的女神廟

也沒有人敢娶之為妻，「女神」們多半是孤苦伶仃過完一生。

　　在尼泊爾王國，女神在名義上享有極高的權利。女神的一舉一動，都被視為「吉」或「凶」的象徵。人們崇拜女神，每次遇到家庭糾葛，鄰居紛爭，都要到女神廟讓女神調停，求得女神的忠告，以便相互諒解，解決問題。在女神節時，國王要請女神在自己的額頭點吉祥痣，以得到治理國家一年的權力，否則國王就得不到人民的信任。

　　女神平日深居廟堂，大門不出，二門不邁，衣食起居，完全由專人伺候。在女神節時才出遊，顯示一番神威。所謂女神節，也就是因陀羅節。女神節第一天，一清早老王宮廣場就擠滿了圍觀的人群，他們穿著節日盛裝等候觀看「女神」出遊。國王、王后、首相、大臣、社會名流以及各國使節，也都來參加慶祝活動。

在廣場周圍的通道上，廓爾喀兵三步一崗，五步一哨，守衛森嚴。在女神廟前，一輛裝飾華麗的古代木輪大車等候女神的到來。大車兩旁還有兩輛小車，一輛乘坐加內什，一輛乘坐拜拉夫，他們都作為女神的男侍從陪同出遊。下午三時許，軍樂高奏，禮炮齊鳴。「女神」——一個經過化裝，頭上戴滿金銀首飾的女童，由祭司抱到妝點一新的高輪彩車上。女神雙腳不得踩地，僧侶走過的道路也要用白紗鋪上。待女神上車後，僧侶要在車前宰殺一頭活羊，為神車送行。之後，三輛木車由人用繩索拉著徐徐而行。身穿古代服裝的廓爾喀兵方陣在彩車前開道，成千上萬人組成的化裝遊行隊伍跟隨在彩車後面吹吹打打，載歌載舞，在熱烈的氣氛中浩浩蕩蕩地向鬧市行進。市民、農民狂熱地尾隨著「女神」車，大唱讚歌，乞求「女神」帶來吉祥、好運和幸福。

女神車到老王宮前要稍作停留，因為尼泊爾國王（現改為總理）、王后、首相、大臣、各國駐尼泊爾使節已在舊王宮長廊上等候女神的到來，女神車一到，樂隊高奏，歡聲四起，國王恭恭敬敬向女神致禮，並向女神贈送一枚金幣，以感謝女神授命他治國之恩。

女神節起源於哪一代，已不清楚。據說這種儀式始於 1756 年賈亞‧普拉卡什‧馬拉 （Jaya Prakash Malla， 1750～1768 年在位）在位期間。那時，有一個女孩被庫馬麗女神「附身」，聲稱自己是尼泊爾谷地的庇護者。從此人們便膜拜庫馬麗女神，並建造一座有金窗戶的華麗住宅，把那個女孩供養起來，每年因陀羅節，由她的侍從加內什和拜拉夫陪同出來巡遊全城。因此直到今天，

人們還從釋迦族女孩中選出一人擔任此種角色，把她當作庫馬麗女神崇拜。還有一種說法，也是來自一個民間傳說。相傳尼泊爾有個國王，在同塔拉朱女神 (Taleju) 玩牌時產生了邪念，女神一氣之下隱身而去。晚上國王做了一個夢，夢見女神對他說：「你荒淫無道，社稷將毀之一旦，你要保存江山，就要崇拜『庫馬麗』活女神，我就是她的化身。」從此，尼泊爾開始出現選活女神之風，以及慶祝女神節的活動。

前面說過，一年三百六十五天，只有這一天「女神」能外出和公眾見面，其他的漫長歲月都只能在廟中靜靜度過。其實，「女神」的命運不過是過去尼泊爾婦女悲慘命運的一個縮影。按照尼泊爾傳統觀念，童女在結婚前都是神的化身。在家裡，男孩犯了錯誤，父母可打可罵，對女孩則不然。沒出嫁的女孩，父母也不責備一聲，因為她們是「神的化身」。可是同樣一個女人，一旦出嫁，社會地位就截然不同了。她不僅由「神」變成了凡人，而且還要做男人不做的家務和田間勞動。生兒育女自不必說，田裡的插秧、收割等農活，幾乎都是由婦女承擔。人們常可以看到尼泊爾婦女背著孩子在田間勞動，在工地幹活，在市場營業。這樣的辛勞已經可以說是十分悲苦了，若她們一旦喪夫，命運更為不幸。過去寡婦不准改嫁，只好回娘家同父母生活。有的地方，寡婦還要為死去的丈夫殉葬，和死人一道活活焚燒，其慘狀目不忍睹。

不過，值得欣慰的是，尼泊爾也有「婦女節」。每年尼曆4月，「婦女節」一到，首都加德滿都東面的巴舒巴蒂廟便成了婦女的天下。婦女們披著紅色的紗麗，成群結隊來到這裡，對著印度

圖 8：婦女在田裡勞動的情形

教的毀滅之神——濕婆神唱讚歌，然後靜坐，不吃不喝，在飢餓中度過一天一夜。大多數婦女都是為丈夫祝福，或者是祈禱家庭和睦。

「婦女節」歷時三天。在齋戒的前一天，丈夫要為妻子準備一頓豐盛的飯菜，讓妻子吃飽吃好。但是到巴舒巴蒂廟來齋戒的婦女中，並不是每個人都吃飽了飯的。有些平日在家中受盡丈夫和公婆欺凌的婦女，到了這個節日，仍是飢腸轆轆，但總算可以卸掉繁重的家務勞動。也有些婦女到神廟來「絕食」，藉此來對丈夫的欺凌表示反抗。她們空腹而來，靜坐三日還不走。有時候，這種反抗還真使丈夫讓步了，三番五次來勸說妻子回家，或派孩子來送飯。但妻子還是不理不睬，直到丈夫發誓今後不再欺負她們時，這場絕食鬥爭才告罷休。

齋戒之後，婦女們還要在巴舒巴蒂廟旁的聖河——巴格馬提河 (Bagmati River) 中，用「聖水」沐浴。據說每人要往身上淋三百六十次水，才能洗去邪惡。「婦女節」的第三天，當夕陽西下的時候，婦女們便帶著對未來幸福生活的憧憬，興高采烈地唱著歌，跳著優美的舞蹈，離開了神廟。

### 三、馬慶德拉節 (Machchhindra Jatra)

此節是為了禮拜尼泊爾保護神馬慶德拉，在巴格馬提村立有馬慶德拉廟和神像。慶祝活動以吠舍佶月（尼曆 3 月、西曆 4～5 月）1 日開始。當天要把馬慶德拉的神像載到帕坦，車上的神龕有雕刻，並用鮮花和松柏裝飾。載著神像遊行到帕坦的儀式要延續好幾天，一般都是一週。行程分成幾個距離相等的站，神像每到一站都要停留一天，由附近的居民為隨從神像的人提供食物。神像在帕坦停留了一個月後挑選一個吉祥的日子送回巴格馬提村。這一天還要舉行一個儀式，即將馬慶德拉的毛毯抖給大家看，以示祂沒有從他們那裡帶走任何東西，祂安貧樂道。

### 四、灑紅節 (Holi Jatra)

尼曆 11 月 8 日至 15 日（相當於西曆 2 月 19 日至 26 日）。人們在節日裡互相灑紅粉和紫、紅、綠等各色彩水，以示吉祥之意。節日共持續八天。第一天，人們還要在王宮前豎一根木柱，木柱上裝飾著旗子，到夜裡把木柱連同上面的旗子燒掉，以此象徵燒掉舊年的身體。

圖 9：灑紅節

　　灑紅節還是尼泊爾青年男女相親的節日。如果一個小夥子中意某個姑娘，他就利用灑紅節之機接近姑娘。他走到姑娘家門前，向居住在樓上的姑娘高唱：「樓上的姑娘我愛你，你不下樓我絕食。」如果這個姑娘也對小夥子有好感，她就會示意，與他私下約會。如果她討厭這個小夥子，她就會順口答道：「好好的大米我有一碗，碗裡放著兩雞蛋；等你大哥飽餐後，小心賞你一竹竿。」小夥子見自討沒趣，便另找他人。

五、燈　節 (Swanti)

　　又稱迪瓦利 (Diwali) 節。此節在迦剌底克月（西曆 10～11月）15 日開始，為期五天。這是崇拜司財女神拉克什米 (Lakshmi) 的節日。在節日期間，每晚家家戶戶及政府機關均掛彩

燈、點蠟燭、油燈以示慶祝，通宵燈火齊明。每晚夜幕降臨後，城鄉沉浸在一片燈海之中。在首都，從新王宮到市內繁華的商業區，各樓房都掛滿串串彩燈，五顏六色的拱形彩燈搭在大街和各通衢上，橫幅、彩旗迎風招展。與此同時，各廟、塔、舍利和殿堂也都布滿了燈，大放光明，城鄉居民的院落、房頂、陽臺、門口，甚至道路兩旁，也都點上蠟燭和酥油燈。千家萬戶，火樹銀花，光怪陸離，變化萬千。「東風夜放花千樹，更吹落，星如雨」，這句宋詞彷彿成了尼泊爾燈節的寫照。

　　除了張燈結綵，人們在這一天還以通夜賭博的方式慶祝。在尼泊爾，公開的合法賭博僅限於節日期間特定的三個晝夜，除此之外都是非法的。在這三個晝夜，各城鎮的街道上到處都蹲著聚賭的人群，使人難以通行。尼泊爾人嗜賭成性，往往押很大的賭注。關於尼泊爾人的賭癮之深，有很多駭人聽聞的故事。例如，據說他們經常連老婆都作為賭注押上去。還聽說一個賭徒把自己的手砍下來放在桌布上作賭注，當贏了那一局後，他堅持對手也砍下自己的手，否則就把之前贏的錢都還給他。

## 六、迎春節 (Vasant Panchami)

　　尼曆 11 月 20 日（西曆 2 月下旬或 3 月初）。傳說這天是智慧女神薩拉斯瓦蒂 (Saraswati) 的誕辰，人們在這天參拜該神，並教導適齡兒童在這天開始學習識字。

## 七、聖線節 (Raksha Bandhan)

尼曆 5 月 15 日（西曆 8 月下旬）。這天，向僧侶要來黃色的聖線纏在兒童右手腕上，藉以「驅魔除病」。那些已經配有聖線的人，也在這天去舊換新。

## 八、神牛節 (Gai Jatra)

尼曆 5 月初（西曆 8 月中）開始慶祝，持續八天。人們化妝為各式各樣的牛，在街上列隊行進，載歌載舞，嬉笑歡騰。

## 九、賽馬節 (Ghode Jatra)

尼曆 12 月（西曆 3、4 月），這天全國舉行跑馬和馬車比賽。

其他宗教節日則有巴節拉·卓吉尼節、西蒂節、加蒂亞·莫加爾節、僧人節或班拉節、蛇節、詹姆·阿什塔米節、虎節、狗節、兄弟節、猴節、迦剌底克齋月、加內什·喬科節、磨祛月齋節等等。

此外，在印度教濕婆神的誕生日（相當於尼曆 12 月、西曆 3～4 月）和羅摩生日（尼曆 1 月、西曆 4～5 月），全國各地都舉行廟會，朝山進香；在佛祖釋迦牟尼的誕生日（尼曆 1 月），全國也舉行紀念活動，香客到佛祖誕生地蘭毗尼去朝聖。此類宗教節日很多。

除上述宗教節日外，還有國家民主日等世俗節日。國家民主日是尼泊爾政府規定的官方節日，時間在尼曆 11 月 7 日（西曆 2

月 18 日）。1951 年推翻拉納家族的專制統治後，當時的國王特里
布文（全名 Shree Paanch Maharajadhiraj Tribhuvan Bir Bikram Shah
Dev，1911～1950 年 11 月、1951 年 2 月～1955 年在位）在這一
天頒布臨時憲法，實行君主立憲制，這一天便成了「尼泊爾民主
日 (Democracy day)」。在這一天，舉行軍隊遊行和檢閱及其他慶
祝活動。除了國家民主日外，其他重要的世俗節日有憲法日、國
王生日、王后生日等。

　　這裡必須要說一下尼泊爾的宗教狀況。從上面的民族和節日
中，就已經看出，尼泊爾是一個多宗教的國度。

　　尼泊爾是佛教的誕生地，我們在後面談尼泊爾的歷史時還會
再詳述。所以，毫無疑問，佛教是尼泊爾的重要宗教之一，尼泊
爾的風俗與佛教是分不開的。

　　尼泊爾號稱是個「寺廟林立的國度」，據說加德滿都「寺廟多
如住宅，佛像多如居民」。僅加德滿都谷地就有大小寺廟二千五百
多間。在佛教寺院中，要以斯瓦揚布納特寺 (Swayambhunath) 和
布達納特 (Boudhanath) 為最著名。「斯瓦揚布納特」 是 「自體放
光」 的意思，相傳釋迦牟尼佛以前的古佛毗婆尸佛，曾在這裡投
下一支藕根，預言將來會長出放光的蓮花，湖水將變成富饒的國
土，後來果然如此。斯瓦揚布寺的高塔塔址，據說就是毗婆尸佛
種蓮之處，也是佛祖釋迦牟尼訪問加德滿都谷地時足跡所到之處，
此寺位於加德滿都西郊一個比平地高出六、七十公尺的小山坡上，
建於西元前三世紀，是尼泊爾最古老的佛教寺院，主要建築是一
個白色的巨大穹窿形屋頂，上接方基，基壁的四周繪有四對大眼，

圖 10：斯瓦揚布納特寺佛塔

象徵著洞察一切的「佛眼」；方基上又有很高的錐形塔，從上到下由銅片裝飾或用金箔鑲嵌，在陽光的照射下，十分光彩奪目；塔頂嵌著一顆巨大的寶石，據說在中秋月夜，人們在遠處便可以看到它放射出的熠熠光芒。布達納特是尼泊爾最大的佛教寺院，位於加德滿都谷地東部，相傳古代西藏一個名叫加沙的喇嘛在此圓寂，該寺即建在他的墓上，以誌紀念。

　　佛教重要的聖地是蘭毗尼 (Lumbini)。每年，尼泊爾人都要在蘭毗尼舉行佛節。據稱，古代的蘭毗尼是一個長滿婆羅雙樹，綠樹成蔭的花園。釋迦牟尼的母親在西元前 563 年吠舍佉月一個月

圖 11：阿育王石柱

圓的日子，在此地生下了他。西元前 265 年阿育王訪問這個聖地
並立了一根石柱做紀念，並確認佛祖的誕生地蘭毗尼園的位置。
石柱的刻文是：「釋迦牟尼佛誕生於此地。」後來石柱曾遭雷擊。

　　近年來，這一佛教聖地的恢復和開發受到尼泊爾政府、聯合
國和世界各國的廣泛關注。1958 年，聯合國成立一個蘭毗尼開發
的國際委員會。在第四屆世界佛教大會上，已故尼泊爾國王馬亨
德拉（Mahendra Bir Bikram Shah，1955～1972 年在位）為蘭毗尼
的開發捐資數百萬盧比。1979 年被作為蘭毗尼年來紀念，許多國

家捐資在蘭毗尼建造數處神龕。

　　佛教創始人釋迦牟尼雖然誕生在尼泊爾，但由於後來印度雅
利安人移入，傳播印度教，信仰印度教的人逐漸增加，所以現在
尼泊爾信仰佛教的人口只占全國人口極小部分，信仰印度教的人
口卻占全國人口的絕大多數。在尼泊爾，佛教和印度教是同存的，
有些廟宇在構造上也常常是佛教和印度教混合在一起。人們可以
看到，信仰印度教的人，常常到佛寺裡朝拜；而信仰佛教的人，
也時常到印度教廟裡頂禮。

　　印度教很早就在尼泊爾傳播，初期與佛教和平相處。八世紀，
尼泊爾國王大力傳播印度教，使佛教勢力受到削弱。到了馬拉王
朝，統治者開始把印度教的種種制度和儀規強加給當地的土著居
民，印度教漸漸取得優勢。尼瓦爾人居住在加德滿都谷地，這裡
是歷代統治者必爭之地，所以這個民族受印度教的影響和壓力最
大，尼瓦爾的佛教僧侶也開始接受種姓制度。尼泊爾國王是所有
一切種姓之主，他有權提升種姓的地位和提升個人的種姓身分。

　　印度教的聖地為賈納克普爾 (Janakpur)。這裡是印度兩大史
詩之一《羅摩衍那》(*Ramayana*) 中的女主角，即印度教主神毗濕
奴的化身羅摩之妻悉達 (Siddhārtha) 的誕生地。著名的賈納吉寺便
是為了紀念悉達而建造的，是印度莫臥爾式建築，輝煌壯觀，大
理石鑲嵌的窗格十分醒目。據傳，此寺由印度蒂卡姆加爾國
（Tikamgarh，現在的中央邦）的王后所建，後經尼泊爾和印度的
許多統治者擴建，1910 年寺廟進行全面翻修。除賈納吉寺外，市
內還有好幾個寺廟和聖地。每年 3、4 月間，數以萬計的香客和遊

客從尼泊爾和印度各地蜂擁而至，慶祝悉達的丈夫羅摩的生日。

賈納克普爾位於尼泊爾東南，坐落在德萊平原上，位於首都加德滿都東南，是賈納克普爾專區達努卡縣縣政府所在地。與加德滿都之間有公路和航線相連，公路里程 189 公里，另有鐵路通往印度比哈爾邦加縣的賈亞納加爾。

除了大大小小各種節日之外，尼泊爾的風俗也是非常特殊的，比如它的紀元就與眾不同。尼泊爾除採用西元紀元制外，還有四種紀元曆法：一是卡里紀元，始於西元前 3101 年；二是塞種紀元，始於西元前 78 年；三是尼泊爾紀元，始於西元前 880 年；四是超日王紀元，始於西元前 57 年。第一種曆法不常用，後三種曆法使用得較多。尼泊爾官方通常採用超日王紀元，也就是人們經常在尼泊爾書籍中看到的尼曆。

尼泊爾人的衣著有點像印度人。身分地位高的男子一般上身穿寬大而長的襯衣，下著白色長褲，頭戴色彩絢麗的尼泊爾帽，又稱廓爾喀帽。當然，也有很多人穿西式服裝。一般老百姓穿著比較簡單，有的人甚至光腳。無論在城市還是鄉村，常常可以看到許多尼泊爾男子身佩一把長約一尺的弧形刀，這就是尼泊爾的國寶，著名的廓戈利腰刀。精緻的刀鞘上刻有精美的圖案，上面有金絲花邊，有的還嵌有寶石，閃閃發光。每當小孩達到一定年齡，家長就送他一把廓戈利腰刀，表示他已經長大成人，可以自衛了。尼泊爾人好客，對尊敬的外國人也常常送這種腰刀，不過是象徵性的，刀形要小得多，有時還會送廓爾喀帽。

尼泊爾婦女一般穿緊身短衫，不穿長褲，外面圍寬而長的紗

圖 12：廓戈利腰刀

麗，內套深色襯裙，上端搭在肩上，下端拖至地面。婦女紗麗寬約 1 公尺，長約 5.6 公尺。勞動婦女穿的衣服多是棉布做的，布質也比較粗糙，顏色較深老，腰上佩柴刀；上層婦女的紗麗多是綢緞，色澤鮮豔。未婚青年女子上穿無領大襟短袍，長及膝，下穿齊腳背的長管褲，披薄紗。成年女子和未婚女子一般都不穿鞋，比較講究的也僅穿膠底拖鞋。城市婦女喜歡在眼睛上塗油煙，山區婦女喜歡穿耳環，也有的戴鼻環。婦女常在額頭上塗點朱砂，稱為吉祥痣。少女均梳長辮，成年婦女則梳髮髻。

尼泊爾人喜歡吃薄餅、羊肉、土豆、青菜，愛喝牛奶、甜茶。富有的人家一天四餐，普通人家的飯食比較簡單，每天兩餐。山區人民的主食主要是玉米、蕎麥、小米等，平原地區人民的主食主要是大米。青壯年外出幹活時只帶一些極簡單的乾糧，如炒米花或蒸得較硬的大米等，餓時吃點乾糧，喝點冷水。一般人的進

食方式與印度人相同，每人有一個盤子盛放食物，用右手抓著吃。由於尼泊爾人便後不用手紙而是用左手澆水沖洗，因此忌用左手拿取食物。

尼泊爾居民的房屋一般都建在高地上，以南北向為主，絕大部分是樓房，樓下堆放雜物，養牲畜，樓上住人。室內不用桌椅床鋪，吃飯做事全坐在樓板上。普通老百姓以草當褥子，睡在樓板上，上層人家則鋪地毯。在南部德萊平原，平房相當普遍。人們梳妝、洗澡都習慣用冷水。

按照尼泊爾傳統，迎接貴賓時，大道上隔不多遠就要擺一對金光閃閃的黃銅罐。銅罐高兩尺許，平時是婦女汲水的用器。迎賓時，銅罐內放進酸牛奶，上面插上鮮花，在大道上灑上一尺多長的鮮血，以示「吉祥」和「如意」。

每逢隆重集會，必點燃酥油燈。這種油燈，也用黃銅造成，高 1 公尺左右，外型古色古香。客人來臨，主持歡迎儀式的人要親自點油燈，以示帶來溫暖和光明，給賓主增添友好氣氛。若在非正式場合，又是秋、冬季節，迎賓時則點燃篝火，為客人洗塵。在熊熊的烈火旁，主人還會唱起富有抒情色彩的民歌，跳起歡樂的舞蹈。

在起居室裡，尼泊爾人是不穿鞋的，進入室內要脫去鞋子，把鞋放在房門旁邊。外出走訪朋友，出發前要檢查一下襪子是否衛生，有無破損，否則就太不雅觀了。在尼泊爾朋友家用餐，一般由客人自己動手取飯菜。第一次盛飯時，不可過量，因為習慣上都要盛兩次飯的，若只盛一次飯，便被認為失禮。已經使用過

的食具，不能放在桌子上，而是放在桌子下面或室內不顯眼的地方，以防他人錯用。

尼泊爾人結交朋友很講究禮貌，朋友見面和告別一般不握手，多雙手合於胸前，然後互相問候，晚輩對長輩久別重逢時要下跪吻腳，長輩在晚輩的頭上輕輕打一下，作為回應。贈送禮物時一般要有三件，尼泊爾帽、廓戈利刀和布鞋。送帽子表示對客人的尊敬和愛護，廓戈利刀被視為國刀，登程時送一雙鞋，意思是祝客人一路平安，歸途順利，前程似錦。另外，在飯店裡，對招待員和服務員有給小費的習慣。

尼泊爾的婚喪嫁娶習俗也很有特色，這裡介紹一下禮儀複雜、手續繁多的尼瓦爾人的結婚儀式。男女青年經過媒人說合或介紹，雙方家長同意後，首先請算命師看八字；如果生辰八字表明男女雙方相配，男方父母便給女方父母送去點心、檳榔、水果等禮物，然後開始準備辦喜事。在結婚前一天要舉行一種叫做「杜拉代」(Duradai) 的儀式，在這種儀式中，男方送給女方約一加侖的牛奶、蜜餞和小豆蔻等禮物，象徵給女方母親把女兒哺養成人的報酬。第二天傍晚，女方宴請親友，親友贈送新娘各種禮品，一般是銅器用品、銀盤和湯匙等；舅舅通常會贈送一頭山羊。父親給女兒一面鏡子，母親送女兒一個盛朱砂的盒子。當天晚上，男方要組織一支迎親隊伍，有時多至一百餘人。新郎一般留在家裡，迎親行列在新郎父親的帶領下，敲鑼打鼓，吹著嗩吶於晚間十時左右來到新娘家。在新娘家接受茶點招待後即行散去，留下新郎父親和少數幾個近親。午夜過後，這些人用竹竿吊床將新娘抬到

一個朋友家裡暫作休息，等待第二天清晨正式到公婆家過門。第二天的過門儀式比較隆重：婆婆用聖水替新娘洗腳，把家裡的鑰匙交給新娘，領她到新房並由祭司為她祈求神靈保佑等等。當新郎和新娘坐下來一塊吃盛在盤子裡的祭食時，全天的儀式才告結束。第三天是把新娘正式接進廚房，全家一塊吃團圓飯。第四天，新娘被領到家神前，由祭司主持儀式，讓新郎給新娘梳頭，在頭髮上塗藥油，在額頭上塗吉祥痣。晚上，新娘的父親和幾個近親接新娘回娘家，新郎也被邀陪同前往。在這之後，新郎和新娘回到自己家中，開始新的家庭生活。

在尼泊爾，亡者一般採火葬，古隆人則根據死者臨死時的星宿位置，決定土葬或火葬，但未婚或未生育過的婦女死後不能火葬，只能把遺體放在河邊用石頭壓住，漲水時讓洪水沖走。一個人死後，其近親及家庭成員要居喪十三天。遠親居喪一天。死者兒子要剃去全身的毛髮，用白頭布包頭，腰上只圍一塊白布，每天吃一餐，並要舉行數小時的祭祀。

在日常生活中，印度教徒還有許多規定和習俗。不過，受過教育的年輕人，特別是女性知識分子，並不怎麼遵守。

總而言之，尼泊爾是個風俗奇異、習俗複雜、宗教多樣的國度，這是它的歷史發展形成的，也構成了它的魅力所在。今天，每一個來到尼泊爾的人，無不被這些高山國度的特有之處所吸引。

# 第二章 | *Chapter 2*

# 古代尼泊爾

## 第一節　文殊師利 (Mañjuśrī)——創建尼泊爾

　　根據印度古代的傳說故事《往世書》(*Purana*)，在很早的古代，加德滿都谷地是一片大湖，後來，一個名叫毗婆尸佛的聖人來到這裡，定居在納加達哈湖西北角的一座山（即現在的納加爾瓊）上。不久之後，在尼曆 12 月（西曆 3～4 月）的月圓之夜，他受神靈啟示在湖中播下一粒蓮籽。恰好過了六個月，在尼曆 6 月（西曆 9～10 月）的月圓之夜，這粒蓮籽開出了一朵奇異的蓮花。在那朵蓮花中間，人們看見大梵天的光輝形象發射出燦爛的光芒。阿龍恩普里的尸棄佛聽到這事後，來到這裡，定居在富爾羅卡吉里（富爾科基山）。幾天之後，在尼曆 1 月（西曆 4～5 月）初一那一天，他與大梵天發射的光芒合而為一。此後，在「黑暗時代」，毗婆尸佛帶著他的弟子們從一個叫阿努帕姆的地方來到了富爾羅卡吉里，用十萬朵鮮花向大梵天膜拜。他在告訴弟子們

如何排乾湖水後便回去了。

　　一位名叫文殊師利的菩薩從中國本土來到這裡參拜大梵天的燦爛光芒。祂留在曼達普里吉（即現在的納加爾科特），連續三天三夜瞻仰發光的佛像。後來，祂便想到排乾納加達哈湖裡的水，以適合人居住，把祂的兩個亥母（法力）「解肢施」和「勝施」分別安置在富爾羅卡吉里（卡特瓦爾達哈山），同時把它們之間的山劈開，讓水流出。這個地方現在叫輪池。納加達哈湖裡的湖水一經出口便奔瀉而出。住在湖裡的納加（大蛇）也紛紛離去。文殊師利菩薩害怕因此引起禍患，要求蛇王留在大池，將之安頓在那裡。此後，在尼曆 7 月（西曆 10～11 月）的望日，他看見大梵天的光輝佛像，又在尼曆 9 月（西曆 12～1 月）初九那一天看見古耶斯瓦里（法力女神），便在那裡塑了一尊古耶斯瓦里的神像，還建立一座名叫曼殊帕坦的城。在古耶斯瓦里神像的周圍栽滿了樹，並讓人們居住在曼殊帕坦城裡。

　　然後，文殊師利立出身於剎帝利種姓一位名叫法持(Dharmaker) 的弟子為統治者，留下其他的弟子就回中國的五臺山了。法持國王在自己的國家裡有效地組織起商業，並發展文化。他死後無子嗣，因此立達爾瑪帕爾 (Dharmapal) 為王。

　　達爾瑪帕爾死後，由一個叫蘇丹瓦 (Sudhanwa) 的人繼承王位。他到賈納克普爾參加為賈納克國王的女兒希塔選婿的大典時，被賈納克的兄弟庫夏德瓦吉 (Kushadhoj) 殺害。後來庫夏德瓦吉來到尼泊爾成為統治者，其後代在尼泊爾統治多年後，這個王朝才消失。

　　庫夏德瓦吉建立的王朝後期，大約在五千年前，拘那含牟尼佛 (Kanakamuni) 和迦葉波佛 (Kassapa Buddha) 分別從索瓦巴提和貝拿勒斯到尼泊爾來朝拜。後來拘那舍牟尼佛派高德（今孟加拉）國王普拉昌德‧德瓦來朝拜大梵天和法力女神古耶斯瓦里，並從文殊師利菩薩的弟子古納卡爾那裡領受教誨。他建塔把大梵天發光的佛像覆蓋起來，不讓充滿罪惡的世界看到它，然後又培植了五處苦行林，即阿格尼普爾（火城）、桑普提爾（寂城）、拜鳥普爾（風城）、納格普爾（龍城）和巴蘇普爾（財城）。普拉昌德‧德瓦的兒子薩克提‧德瓦後來也從高德來到尼泊爾，並把他的一個親屬古納‧卡馬‧德瓦立為尼泊爾王。據說在古納‧卡馬‧德瓦統治時發生過一次大饑荒。古納‧卡馬‧德瓦王朝的最後一個君主辛哈克圖統治時期國家極為繁榮，對外貿易甚至遠及獅子島（今斯里蘭卡）。辛哈克圖沒有子嗣，他死後又有許多人統治過尼泊爾，這些人來自於孟加拉、馬德拉斯等印度各地。其中，康傑維拉姆王國的達姆杜塔帶著他的軍隊征服了尼泊爾，並且把印度教的種姓制度帶到尼泊爾。據說，著名的大自在天廟最初就是他修建的。

　　達姆杜塔死後，又經過兩任國王的統治，王位由一個名叫維克拉瑪迪蒂亞的人繼承。維克拉瑪迪蒂亞死後由他的兒子維克拉姆凱薩里繼承王位。

　　後來，一個名叫尼‧牟尼的聖人來到尼泊爾朝拜大自在天廟的火光。他在毗濕奴馬提河和巴格馬提河匯合處一個叫臺庫的聖地住下來修行並傳播他的教義。據說，他把一個曾被大自在天火

燒死的牧牛人的兒子，即他虔誠的信徒布克塔‧曼立為王，從此
開始了牧牛人王朝的統治。人們把這個王朝也稱為戈帕爾王朝
(Gopala Dynasty)。這個王朝前後一共有八個君主，最後一個君主
叫亞克希亞‧笈多 (Jeet Gupta)。在亞克希亞‧笈多統治期間曾發
生一場爭奪牧場的戰爭，結果戈帕爾王朝被從印度來的另一個牧
羊民族阿希爾人 (Abhira) 建立的王朝取代。據說，戈帕爾王朝和
阿希爾王朝是尼泊爾谷地信史而非傳說時代的開始。

接著，從東方來的克拉底人酋長亞拉姆巴爾 (Yalamber) 打敗
阿希爾王朝，建立克拉底王朝 (Kirata Kingdom)。在這個王朝統治
時期，尼泊爾人迎來了佛陀。

## 第二節　佛陀誕生之地

根據印度史詩《羅摩衍那》和《摩訶婆羅多》的記載，克拉
底人原來居住在喜馬拉雅山的東北部。一些歷史學家推測，克拉
底人就是居住在甘達基河和孫科西河之間的尼瓦爾人。

克拉底王朝時期尼泊爾十分強大，一共經歷二十九個國王的
統治。第一個國王亞拉姆巴爾把王國的疆土擴張到東至不丹的提
斯塔，西至特里蘇里河。第七個君主吉特達斯提 (Jitedasti) 曾在摩
訶婆羅多戰爭中幫助過潘達瓦人。據估計，克拉底王朝的統治共
持續二百二十五年的時間。

釋迦牟尼在蘭毗尼園（現在尼泊爾的洛明達）誕生時，尼泊
爾谷地正處在克拉底王朝統治的時代。佛陀的故事，是尼泊爾歷

史上最為輝煌的傳說。

釋迦牟尼 （西元前 563～483 年） 即為佛陀，意為 「先覺者」。他本是位於今印度、尼泊爾交界處的迦毗羅衛國(Kapilavastu) 的王子，原名喬達摩‧悉達多，幼時信仰婆羅門教，二十九歲時因不滿人世的生、老、病、死等苦惱，出家修行。先習禪定，後獨自苦修六年無果，遂棄而靜坐苦思四諦、十二因緣之理，最後覺悟，時年三十五歲。於是開始傳教說法，並組成僧團，被門人尊為 「佛陀」。佛教逐漸興盛，成為世界性宗教。

關於釋迦牟尼的誕生，充滿奇幻的傳說。據說，他的母親摩耶王后 (Māyādevī) 在滿月前七日，要用大量的花環與香料等舉行慶典。第七日的一早她就起來，先用加了香料的水沐浴，並捐贈總數四萬件的贈品。盛妝之後，她選吃食物，並許了願，再進入裝飾過的臥室，臥在床上入夢，遂得下一夢：

她夢見似乎有四個偉大的國王，將她連床一齊抬起來，帶她到喜馬拉雅山的曼諾斯拉高地上。他們的王后再帶她到阿努塔湖，進入湖裡，洗去人的污染，再為她穿上衣袍，塗抹香料，並用神的花朵來裝飾她。不遠的地方是一座銀山，在山上有一座金製的大廈，裡面準備了一張神床，床頭向東，並讓她睡在床上。神明普提薩特娃變成白象，從不遠處的一座金山下來，並從北方接近銀山，停憩在銀山頂上，握著一株白蓮。之後，在一陣喇叭聲中白象進入金製的大廈，向右旋轉並環繞他母親的床三次，敲打她的右側，並進入她的子宮，就這樣獲得一個新的生命。

第二天王后醒來，向國王淨飯王說她的夢。國王召集六十四

圖 13：聖水池　傳說摩耶王后曾在此入浴。

個傑出的婆羅門祭司，尊奉他們，並提供精美的食物與其他禮品，請他們盡情享受。當他們酒足飯飽之後，國王將夢中發現告知祭司，王后腹中是男嬰而非女嬰。祭司們認為，如果這個男孩居住在王宮內，將會成為國王；如他遠離塵世，他將變為釋迦。

摩耶王后懷胎十月，將要臨盆時，她想到親戚的住地，向國王淨飯王說：「王啊！我想去德瓦達哈城，我的娘家。」國王當即允許，並下令將迦毗羅衛到德瓦達哈的路面修平，同時以車前草、旌旗與標幟裝飾車輛，讓王后坐在一頂金質的轎子裡前行，並派出一大隊的護衛。在這兩城中，有一個供兩城市居民遊樂的小叢林，種滿婆羅雙樹，名叫蘭毗尼林。當時，從樹根到椏枝的頂端，長有一大堆花朵。王后看見這些花時遂產生一種欲望，她走到一棵大婆羅雙樹下，想去摘樹枝。這樹枝像一束柔嫩的茅尖般垂下，讓皇后伸手抓到。當她伸手抓到樹枝時，竟因產前陣痛而抖動身

體。隨從人員立即設置坐墊讓王后休息。就在她抓握樹枝的片刻，開始生產。釋迦如同一個人從樓梯上走下來一樣，伸展他的雙手雙腳，不像站在土地之上，他一塵不染、像寶石那樣的明亮，從母親那裡降臨。

　　他像神一樣快樂地住在三個宮殿裡，由慈愛的父親保護著，隔絕了外界的苦難生活。四萬名宮娥采女日日歡歌笑語，當他長大成人後，便從五百名宮女中選出一個后妃。作為剎帝利階層的成員，他接受軍事上的各種訓練，也向一些賢哲們學習詩書，成為一個精通哲學理論的人物。他結婚生子後，變成一個快樂的父親，生活在富裕、安靜與高貴的環境中。

　　一天，據傳統的記載，他從宮中外出到市民的街上，看見一個老人。再過幾天，他又看見一個病人。第三次他見到一個死人。於是，他想：「我也具有這樣的尊貴與如此過分的柔弱，想想這樣吧：一個無知、平凡的人，他已進入老年，和其他所有老年人一樣，看起來像老年的樣子，受著煩惱、恥辱與被忽視的打擊。我，也一樣要進入老年，和其他所有老年人一樣，我也應該和他們一樣要進入老年……看起來是一個老年人，受煩惱、恥辱與被忽視嗎？這些對我來說，似乎不合適。假如我這樣一反省，所有少年的意氣揚揚，霎時便成泡影。」

　　於是，他開始苦修六年，經常食不果腹、衣不蔽體，但仍然沒有思索出結果。後來，他放棄苦行，走到一棵菩提樹的蔭涼處靜坐，平心靜氣，不動如山，決不離開座位，直到覺悟到來。他自問，人們憂愁的本源是什麼？疾病、衰老與死亡，又是為了什

麼？忽然之間一個生與死無限延續的幻想出現在他的眼前，他看到每一個死亡被一個新生所連接，每一種平靜與喜樂被新的欲望與不滿足、新的失望、新的憂傷與苦痛所打破，人們死去並再生，由於因果業報，生的人有高有低，有美有醜，有富有貴。

這就是斷絕痛苦的真理：生育是痛苦，病痛是痛苦，老年是痛苦，悲傷、哀嘆、失意以及絕望都是痛苦……

這就是痛苦的原因：導致生育的渴望加上了愉快與煩惱，各處去尋求歡樂，諸如渴望情慾，想望著生存，渴求著虛空。

這就是痛苦的真理：毫無眷念地斷絕所有的渴望；放棄、拋棄、解除、隔離。

這就是斷絕痛苦方法的真理，也就是八正道：諸如正確的觀念，光明的需求，正當的言語，正大的行動，正當的生活，適度的努力，適時的謹慎，真正的專一。

西元前 483 年，釋迦牟尼圓寂，他給信徒的最後遺言是：「啊！眾徒們，我告訴你們，順服於死亡就是眾生，當為真實而奮鬥。」

據說，在克拉底王朝的第七個國王吉特達斯提統治時期，佛陀曾於西元前 520 年左右訪問尼泊爾谷地，朝拜了大梵天、法力女神古耶斯瓦里等的神壇，並在尼泊爾各地宣講教義，收了 1,350 名弟子，其中知名的有舍利佛、大目連和阿難陀。大約在西元前 265 年，即克拉底王朝第十四代君主斯圖恩科王 (Sthunko) 在位時，印度孔雀王朝的阿育王曾帶著女兒來朝拜佛祖的誕生地蘭毗尼，並訪問尼泊爾谷地。他在帕坦城的四角和中心各修建了

一座佛塔，並把女兒恰魯馬蒂 (Charumati) 嫁給一位名叫德瓦帕爾 (Devapala) 的剎帝利王子。恰魯馬蒂修建了一座城池，並以丈夫的名字命名為德瓦帕坦。直到今天，這座城市連同它的名字仍然存在。

克拉底王朝時期，除了佛教的興起外，尼泊爾的社會、經濟和文化得到全面發展。克拉底人非常重視商業貿易，主要與西藏、印度和斯里蘭卡有貿易往來。西藏、中國內地和印度的商人也經常來到尼泊爾，尼泊爾向這些國家和地區出口羊毛和草藥。商業促進國家經濟的繁榮，也導致各民族和部落的人融合成一個民族。經濟的發展和佛教的傳播又促進了尼泊爾社會的發展，雕刻和建築業因而達到相當高的水準。當時已經形成很多人口密集的經濟、文化中心，其中最著名的有馬塔提爾塔、尚卡姆爾、桑科特、科龐、科帕西和桑加。尼泊爾文化的宏大基礎就是在克拉底時期奠定的。

在第二十八個國王帕土克 (Patuka) 時期，克拉底王朝遭到來自西方的索摩王朝 (Soma Dynasty) 諸王的侵略。後來，索摩王朝的國王尼米席 (Nimisha) 戰勝帕土克的兒子亞斯蒂 (Gasti)，並被立為尼泊爾國王。

索摩王朝統治尼泊爾的時期很短，前後只經過六個國王。據說，當這個王朝的第一個君主尼米席在位時，一個聖人的花冠和鹿皮從印度的戈達瓦里河漂流過來，在尼泊爾的戈達瓦里池被發現。由於這個原因，尼米席國王便開始在戈達瓦里池邊舉行十二年一度的麥拉節。此外，他還修葺了大自在天廟。第五個君主瓦

斯卡爾瓦爾馬（Bhaskerverma，280～305 年在位）時，王朝曾一度強盛，國王親自領導了一次軍事遠征，到達印度和斯里蘭卡之間的一個叫拉梅斯瓦拉姆 (Rameswaram) 的島嶼，積聚大量財寶。他用這些錢使大自在天廟和德瓦帕坦保持繁榮。

　　不久，索摩王朝被李查維王朝 (Licchavi Kingdom) 所取代。釋迦牟尼在世時，李查維諸王原來統治著北印度的吠舍尼。李查維王朝的創建者蘇普什帕 (Supushpa) 本來是個強有力的國王，但是後來被統治王舍城的國王賈塔薩特魯 (Ajatashatru) 所戰敗，於是轉移到尼泊爾，在那裡建立政權。他的第二十四代孫賈亞·德瓦國王 (Jayavarmā) 在尼泊爾建立了李查維王朝。在這個王朝統治時期，尼泊爾成了佛教徒的朝聖中心。

## 第三節　開疆拓土的李查維王朝

　　李查維王朝時期是尼泊爾信史時期的開端，因為從這時起尼泊爾谷地才有一個連續的王朝紀年史。李查維王朝的存在可以追溯到佛祖釋迦牟尼在世的時代。那時，李查維王朝統治著吠舍尼，即現在印度比哈爾邦的北部。據碑文稱，李查維王朝為蘇普什帕創建，以普什帕普爾，即現在印度比哈爾邦的巴特那為都城。後來普什帕普爾被統治印度北方的笈多王朝占領，蘇普什帕率眾進入尼泊爾谷地，在那裡建立統治。他在自己的王朝內建立了嚴密的四級種姓制度，並重新建造一度毀於地震的大自在天廟。據說，是蘇普什帕國王的第二十四代孫賈亞·德瓦在尼泊爾建立李查維

王朝，長達近一千年的統治中李查維王朝曾幾度繁榮昌盛，出現一些在尼泊爾歷史上留下英名的君主。值得特別提及的有以下幾個：

布里夏·德瓦是一個聲威顯赫的國王，曾把他的國土擴張至印度北部，占領恆河平原北部和東北部的大部分地區。在他統治時期，據說印度笈多王朝的旃陀羅·笈多皇帝 （Chandragupta Maurya，前 321～前 297 年在位）曾訪問尼泊爾，並娶了布里夏·德瓦的女兒庫馬爾·德瓦，這位公主生下了著名的沙摩陀羅·笈多皇帝。

馬納·德瓦（Mandeva，464～505 年在位）是一個英勇的武士。他在同父親一起生活的時候，就學會了用兵作戰的好本領。即位時，他還僅僅是個小孩，東部臣服於李查維王朝的塔庫里族酋長們乘機叛亂，企圖獨立。儘管還未成年，他卻調集軍隊鎮壓了叛亂者。接著他向西推進，占領了很多地方。鑑於甘達基河對面那些地區的馬拉人對他未加注意，於是他帶領一支強大的兵力從南面侵入馬拉普爾，又派遣他的舅父從北面同時進攻。馬拉人受到兩面夾擊，抵禦失敗，馬拉普爾便落到馬納·德瓦手中。如此一來，馬納·德瓦的王國北界擴張到喜馬拉雅山，西疆跨過甘達基河，東面到達科西河，南面直抵德萊平原。

他借鑑印度皇帝沙摩陀羅·笈多的賢明政策，把征服的領土歸還原來的統治者，由這些統治者向他納貢，從而取得國境內的和平。他篤信毗濕奴，但又尊重佛教。他主持修建了許多寺廟和建築，其中特別是昌古·納拉揚 (Changu Narayan) 廟和他治理國

事的馬納格里哈 (Managriha) 宮，都是非常壯麗的建築。由於他建下宏偉的業績，人們把他稱為信史時期的第一個尼泊爾國王。

希瓦‧德瓦 (Siva Dev) 一世在位時期大約為 588 年～606 年。他知人善任，從即位起就把國家全部的行政權交給一個能幹的塔庫里酋長阿姆蘇‧瓦爾馬，並把女兒嫁給他，任命他為首相。希瓦‧德瓦一世死後即由阿姆蘇‧瓦爾馬繼承王位。

阿姆蘇瓦爾馬國王（Amshuverma，605～621 年在位）的統治時期是李查維王朝的黃金時代。據說他是一個品德高尚、英勇善戰而富有統治才能的卓越統治者。他關心人民的疾苦，免除人民的種種賦稅，並採取各種措施改善人民的處境。他還建立一套有效的行政制度，將尼泊爾王國治理有方。他酷愛文學藝術，本人又很有學問，曾親自寫過一本語法書。此外，修建了一座名叫凱拉斯庫特的七層大廈。這座大廈不僅設計精巧，造型優美，規模也相當巨大。屋頂是銅做的，陽臺、走廊、殿柱、天花板等都用寶石裝飾。據說，它的最上層有一個能容納一萬人的大廳。閣樓的四角各有帶金箍的魚形包銅龍頭，這些龍頭噴水時看起來好像許多美麗、閃閃發光的噴泉，顯示尼泊爾當時建築工藝水準之高。

阿姆蘇瓦爾馬是一個熱忱的印度教徒，但同時也敬仰佛教。639 年，他把自己的女兒布里庫蒂 (Bhrikuti) 嫁給西藏日益強大的松贊干布王（Songzän Gambo，約 629 年～650 年在位），依靠高超的外交手腕在印度和中國之間維持平衡，因此瓦爾馬聲名遠播。

據玄奘《大唐西域記》記載，「尼波羅國，周四千餘里，在雪

山中。國大都城,周二十餘里。山川連屬,宜穀稼,多花果。出
赤銅、犛牛、命命鳥。貨用赤銅錢」、「僧徒二千餘人,大小二乘,
兼攻綜習。外道異學,其數不詳」、「近代有王,號鴦輸·伐摩(唐
言光冑),碩學聰睿,自製聲明論,重學敬德,遐邇著聞」這就是
說,尼泊爾當時的情況是這樣的:盛產水果、穀物、銅和犛牛等;
在商業貿易上使用銅幣;佛教相當昌盛,但其他宗教也同時盛行。
國王聰慧好學,賢明有德,名聲遠播。

　　李查維王朝之前的克拉底時代,尼泊爾並沒有形成自己統一
的文化,李查維王朝的建立為尼泊爾民族文化的形成和發展奠定
了堅實的基礎。李查維諸王根據其祖先在吠舍尼統治的制度並吸
收印度笈多王朝的經驗,建立起一套較完整和行之有效的行政體
制,既鞏固了中央集權的統治,又壯大了國家的力量。他們通過
武力擴張尼泊爾的疆界,同時又把征服的領土歸還給原來的統治
者管理,使原來的統治者感恩戴德。不僅以武力和外交鞏固了尼
泊爾的獨立和主權,而且通過建立和發展經濟貿易、宗教和文化
交往以及聯姻等加強與印度、西藏和中國的友好關係,促進本國
經濟和文化的繁榮。

　　下面我們來看一看李查維統治時期的社會狀況。

一、行政制度

　　在來到尼泊爾之前,李查維人在吠舍尼建立的政治制度就已
經顯示他們的行政管理才能。由於他們和印度笈多王朝的皇帝們
有聯姻關係,因此在尼泊爾實行笈多式的行政管理體制。他們為

了行政方便而建造許多大廈，現在均成為重要的文化遺產。

二、外交關係

　　克拉底人統治下的尼泊爾和大國之間很少接觸。但由於李查維人與印度、西藏和中國保持密切關係，因而尼泊爾的文化得以大為發展。印度和中國商人經常通過尼泊爾人而相互往來。阿姆蘇·瓦爾馬把女兒嫁給西藏國王松贊干布，因而一度和西藏建立了牢固的友好關係。但賈亞·德瓦二世時，尼藏雙方交惡，賈亞·德瓦曾擊敗過來犯的西藏人。

三、宗教狀況

　　在李查維王朝以前，佛教就已經在尼泊爾傳播。據說佛陀本人和信奉佛教的著名國王阿育王都曾經到尼泊爾傳教，因此佛教在尼泊爾的土地上深深地紮下了根。後來，印度教由於印度的笈多國君們與尼泊爾的特殊關係而得到大力支持，所以李查維的國王們也成為印度教的贊助者，但他們從來沒有迫害過佛教。不過，之後印度教傳教者桑卡阿查里雅來到尼泊爾，他用摧殘壓制佛教的手段來傳播印度教。尼泊爾的史書記載說，桑卡阿查里雅強迫佛教的僧尼結婚，燒毀大約八萬四千冊佛教書籍。在他的迫害下，有些佛教僧侶被迫外逃至中國境內，但桑卡阿查里雅仍然不想放過他們，他追趕逃跑的佛教徒一直追到了西藏。總的來說，李查維王朝時期佛教仍存續著，但已衰退。8世紀末9世紀初，南亞次大陸的印度教經過商羯羅的改革，出現復興運動，同時也推動

了尼泊爾印度教的發展。據尼泊爾史書記載，商羯羅在晚年曾訪問過尼泊爾，他用壓迫佛教的手段大力推行印度教。佛教雖然受到沉重的打擊，但在尼泊爾谷地和東北山區仍在流傳。之後幾個世紀，由於佛數和印度教的融合，出現了混合的密教或「新佛教」。

四、經濟狀況

尼泊爾人對農業相當重視，由於巴格馬提河附近土地肥沃，可以種出好的莊稼，所以國王們一再鼓勵發展農業。不過，發展得更為充分的仍然是商業貿易。

圖 14：在李查維時期位居尼泊爾和西藏貿易要道的帕那提

## 五、文化藝術

從李查維王朝一開始，尼泊爾的建築就有了極大的發展。馬納‧德瓦修建的馬納格里哈宮、昌古‧納拉揚廟和大自在天廟以及阿育王的佛塔就是尼泊爾優秀建築藝術的生動範例。從中國旅行家的記載中可以知道，阿姆蘇‧瓦爾馬的凱拉斯庫特宮 (Kailashkut Bhawan) 純粹是當時尼泊爾的藝術家按照本國藝術風格建造的。尼泊爾在金屬工藝和其他手工業方面的技藝也並不落後。總的來說，李查維王朝時尼泊爾的建築、雕刻、繪畫、手工藝等都達到了空前的水準。此外，當時尼泊爾境內就已經形成多民族狀況，除了李查維人外，還有克拉底、菩提亞、卡爾納塔克和馬拉等族的人，各民族文化和諧相處，齊頭並進。

八世紀，李查維王朝的阿拉姆迪 (Raghava Dev，約777～784 年在位) 統治尼泊爾，他是一個機智勇敢而又富有外交手腕的君主。782 年，統治克什米爾的賈亞毗達‧文納亞疊多入侵尼泊爾，阿拉姆迪採取誘敵深入的戰術，當敵軍大舉橫渡喀利甘達基河時，他命令將水壩挖開，敵軍頃刻間遭到滅頂之災，全部被河水沖走淹死，賈亞毗達‧文納亞疊多國王也被俘虜。此役使阿拉姆迪名聲大噪。

一般認為，阿拉姆迪是李查維王朝的最後一個君主。在他之後直到十二世紀中葉，尼泊爾為許多塔庫里 (Thakuri) 部族的國王所統治。這些塔庫里諸王中最傑出的是古納卡馬‧德瓦 (Gunakama Deva，949～994 在位)。據尼泊爾編年史記載，正是

古納卡馬‧德瓦建立了坎提普爾（加德滿都）王國。在他統治時期末期，一個名叫拉克西米‧卡馬‧德瓦的塔庫里國王在尼泊爾的另一個城建立了自己的統治政權。繼古納‧卡馬‧德瓦之後，賈亞‧卡馬‧德瓦 (Vijaykama Deva) 登位，他的統治持續到 1200年。他死後無嗣，努瓦科特 (Nuwakot) 一個名叫巴斯卡爾‧德瓦 (Bhaskara Deva) 的塔庫里人占據王位並在尼泊爾建立另一個塔庫里王朝。努瓦科特的塔庫里王朝前後經歷五個國王的統治。

在分崩離析中，李查維王朝的繁盛局面不復存在，這給了南方的馬拉人可乘之機，尼泊爾歷史進入一個新的時代。

第三章 | *Chapter 3*

# 盛極一時的馬拉王朝

## 第一節 印度教的傳入

　　「馬拉」是一個十分古老的稱謂。印度古代史詩《摩訶婆羅多》、佛教經典等文獻都有關於馬拉人的記載。另據佛教文獻記載，遠在西元前六世紀之前，馬拉人就曾在印度北部和南部統治過相當長的時間。後來勢力衰落，他們便來到尼泊爾各地定居下來。李查維人在尼泊爾各地統治時，馬拉人在甘達基河西岸也建立一個強大的王國，這個王國的統治者還伺機進入河谷地區。當李查維王朝的曼·德瓦王死後，他們陸續打敗李查維人並在尼泊爾河谷建立和鞏固馬拉王朝的統治。

　　關於「馬拉」這個名字的來源，有這樣一個傳說。索摩王朝一個拉其普特人的後裔阿里·德瓦（Ari Malla，1200～1216 年在位）繼承了尼泊爾王位。他是一位有名的摔角家。據史書記載，有一天，他正在摔角的時候，得知他兒子出生的消息，便在他兒

子的名字後面加上「馬拉」這個詞。從那時起,這個王朝的國王都在他們的名字後面加上「馬拉」一詞。

　　馬拉王朝中最傑出、最有建樹的是賈亞斯提提・馬拉 (Jayasthiti Malla,1382～1395 年在位)。他在位期間進行很多社會、宗教和經濟方面的改革,把過去分散的尼泊爾凝聚為一個組織嚴密的社會。特別值得一提的是,他正式把印度教引入尼泊爾,使這個王國開始轉變為一個印度教國家。

## 一、社會改革

　　首先,賈亞斯提提・馬拉按照印度教《摩奴法典》制定了關於各個種姓和等級的地位、工作和服飾的守則,印度教徒必須遵照古代雅利安人的風俗習慣行事。婆羅門分為兩個等級——潘查高德和潘查拉比德,他們除了掌管宗教祭禮,依靠布施為生以外,還允許做其他工作。尼瓦爾人也按照印度的種姓制度分為四大種姓(婆羅門、刹帝利、吠舍、首陀羅),師尊、學者、商人、術士被視為最高的種姓。另一些土著一般被併入首陀羅種姓,並細分為六十四個等級,手藝人、工匠、石匠、洗衣人等均屬此類。其餘土著又分為三十六個等級,其中三十二個屬於農民的等級。掃除工、清道夫、皮匠等屬於最低等級,並被宣布為「不可接觸者」。如果一個女人和下等種姓的男人結婚,她就要降到丈夫的種姓。關於服飾,他也做了很多改革。除了一些禁用的東西以外,最低種姓的人也允許穿著華麗的衣服和佩帶裝飾品,屠戶必須穿長袖罩衣。掃除工必須光頭赤腳並且不得佩帶金質裝飾品。他們

必須居住在茅草屋頂的土房屋。下等種姓的人必須尊敬上等種姓的人。從此之後，尼泊爾社會表現出越來越多印度教種姓制度的特色。

## 二、宗教改革

他修建了很多神廟和寺院，並給予豐厚的資助。在帕蘇帕提附近樹立拉姆的神像，在其兩側又樹立拉瓦和庫夏的神像，還在那裡修建了一座寺廟，並且他在帕坦樹立庫姆貝斯瓦爾和烏恩馬塔・拜拉布的神像。有一次，人們在疏浚庫姆貝斯瓦爾池時發現了很多男女神像，如象頭王、那羅延、伐蘇極龍王、大鵬金翅鳥等，賈亞斯提提・馬拉把這些神像樹立在各個地方，不僅如此，而且還為它們修建了五座神廟。此外，他還保存一大筆託管資金，用於崇奉廓拉克大神和廓卡納大神。他還舉行了俱致護摩（火燒

圖 15：建於十四世紀的庫姆貝斯瓦爾寺廟

貢品以祭祀火神）。

三、文藝改革

　　當時的尼泊爾人用梵文寫出很多優美的詩歌，國王叫人把《羅摩衍那》的故事改編成戲劇，《濕婆樂》一劇也在舞臺上演出。賈亞斯提提‧馬拉對歷史有極大的興趣，同時也愛好音樂，首創為王室成員舉行送葬和火化儀式時唱「迪帕克拉格」輓歌的制度。

四、經濟和其他方面的改革

　　在司法上，賈亞斯提提‧馬拉改革過去不分犯罪輕重一律處以體罰和監禁的制度，量刑按犯罪的嚴重程度處以罰款、坐牢以及死刑。在經濟上，把土地分為四等，實行出售和典當土地的制度。在度量衡方面，則開始使用馬納、帕提、帕烏、達爾尼等度量單位。

　　賈亞斯提提‧馬拉的宗教和社會改革，對尼泊爾以後社會的發展起了奠定基礎的重要作用。在李查維王朝時期，由於統治家族來自印度，國王多信奉印度教，但他們並沒有把印度教的儀規和習俗強加給當地的非印度教臣民。到馬拉王朝時則不同了，特別是賈亞斯提提‧馬拉，他按照《摩奴法典》制定了有關各個種姓的等級地位、工作和服飾的守則等等，並大力貫徹執行；甚至連一貫信奉佛教的尼瓦爾人也被分成若干種姓等級。他要求人們遵從印度教的法規，正如他在一次祈禱儀式上說的：

「太陽、月亮、空氣、火、土地、水、良知、白晝和黑夜：
這些東西通過它們的聯合以及『德』而知道了每個人的所
作所為。一個人如果說了真理之外的任何事情，就會失去
他的正直、他的孩子、他以前存在的價值以及他在天堂的
先祖。」

從此，印度教在尼泊爾漸漸紮下了根。尼泊爾作為現代世界
唯一的一個印度教國家就在此時奠定了基礎。

## 第二節　王朝盛世

馬拉王朝存在八百年，統治尼泊爾谷地五百年。雖然馬拉
人來自外地，但是他們逐漸融入尼瓦爾人的文化，被尼瓦爾社
會同化。

在馬拉王朝統治下，尼泊爾在貿易、手工業、宗教、藝術、
文化等各方面都有很大進步。在經濟方面，賈亞斯提提・馬拉的
民事法典雖然使印度教落後的種姓制度在尼泊爾法律化，但是對
當時的尼泊爾是有積極作用的，它對尼泊爾經濟的發展起了很大
的穩定和促進作用。人民按他們的種姓地位分別就業，整個社會
基本上沒有失業現象，從而為工商業的發展奠定基礎。商人從西
藏帶回金銀，從其他地方進口棉花、木材和藥草加工成各種產品。
尼泊爾與西藏和印度等的貿易有很大發展，使用改良後的錢幣也
促進了商業的繁榮。

　　當時的藝術和文學也十分繁榮。大多數馬拉國王都很有學問，同時也是傑出的詩人和作家。當時有很多戲劇、詩歌和其他文學體裁的作品問世，一些宗教劇至今仍然舉世聞名。此外，當時尼泊爾人還翻譯了有關道德和宗教的書籍，如《羅摩衍那》、《摩訶婆羅多》等。在建築方面，雖然沒有創造出新的典型，卻也有很大的發展，馬拉時代修建的廟宇和佛塔舉世聞名。印度教和佛教藝術家攜手共進，修建大量的寺廟和數以千計的男女神像，共同為尼泊爾的建築、雕刻和繪畫做出巨大貢獻，並融會兩派各自的特點而發展成為一種新的藝術。音樂和舞蹈也有高度發展。

　　在馬拉王朝統治時期，印度教是尼泊爾的國教，因而印度教的勢力在尼泊爾逐漸鞏固。根據印度教的說法，國王的蓮花寶座是濕婆奴的配偶吉祥天女的象徵，而尼泊爾的歷代國王都是毗濕奴的化身。國王在蓮花寶座上就位前，要登上建立在哈努曼多卡宮 (Hanuman Dhoka) 一個不高的石臺，然後才登上有著金靠背的王座。這個金靠背的形狀是有十個腦袋的眼鏡蛇，是毗濕奴的象徵。王座扶手的形狀也像蛇。在王座的天鵝絨罩子底下，墊著公牛、野貓、豹、獅子和老虎的皮，這些動物分別代表著力量、敏捷、王權、憐憫和勇氣。

　　不過，由於馬拉諸王對佛教採取寬容態度，佛教徒的人數也很多，佛教並沒有遭受巨大打擊。由於宗教的融合，佛教徒也逐漸開始敬奉印度教的男女神靈，並奉行印度教的各種節日和儀式。隨著國際交往頻繁，來自印度和西藏的佛教比丘和宣講師開始在尼泊爾定居，因此，佛教在尼泊爾的傳播也很繁盛。但在馬拉王

朝末期，佛教終究不敵日益壯大的印度教勢力，而逐漸衰微了。

在馬拉王朝後期，伊斯蘭教徒被允許到尼泊爾定居，他們也傳播自己的宗教。但因人數很少，所以對尼泊爾人未能產生影響。

總而言之，在馬拉王朝統治時期，尼泊爾的經濟繁榮、宗教昌盛、文化發達、國家獨立，是尼泊爾歷史上最為強盛的時期。

## 第三節　三足鼎立

俗話說，合久必分。自統一尼泊爾谷地以來，馬拉王朝興盛繁榮了二百多年，成為尼泊爾歷史上的一個亮點。及至十五世紀中期，馬拉王朝出現盛極而衰的跡象。

當時在位的君主亞克希亞・馬拉（Yaksha Malla，1428～1482年在位）是一位非常有建樹的馬拉國王，被稱為「泥婆羅功德主」和「泥婆羅大地之主」。他很英勇，征服許多土邦並鎮壓了谷地裡所有對抗他的酋長，之後他在尼泊爾建立了無可爭議的霸權，隨後又把領土東擴到孟加拉，西至廓爾喀，北及西藏，南達恆河。他關心人民的利益，修建河渠和管道，興辦各種事業，因而被稱為人民的恩人。他既崇信印度教又尊重佛教，修建許多寺廟並向寺廟作了大量捐贈。他也是一個文學愛好者，在他統治時間，有許多用梵文和尼瓦爾文撰寫的著作問世。但是，他在臨死之前犯了一個致命的錯誤，那就是把尼泊爾谷地分封給幾個兒子。亞克希亞・馬拉死後，由他的幾個兒子分別統治加德滿都、帕坦、巴德岡、馬尼帕及其他地方，馬拉王朝便四分五裂，最終衰落而被

廓爾喀王朝所取代。

　　尼泊爾分裂時期有以下幾個重要王國。

## 一、巴德岡王國

　　第一個統治巴德岡的是亞克希亞‧馬拉的長子拉賈‧馬拉（Raja Malla，1482～1505 年在位）。巴德岡王國前後經歷十二個馬拉國王的統治，歷時二百八十七年。最後一個巴德岡王國的國王是拉納吉特‧馬拉（Ranajit Malla，1722～1769 年在位），他的王國於 1769 年繼加德滿都和帕坦兩個王國之後淪陷，被廓爾喀國王普里特維‧納拉揚‧沙阿 （Prithvi Narayan Shah， 1743～1768 年為廓爾喀國王）占領。

　　在巴德岡王國長達二百八十七年的歷史，曾出現過諸如蘇瓦爾納‧馬拉（Vishwa Malla，1548～1561 年在位）、賈加吉約提‧馬拉 （Jagajjyoti Malla ， 1614～1637 年在位）、賈加特‧普拉卡什‧馬拉（Jagat Prakasha Malla，1644～1673 年在位）、吉塔米特拉‧馬拉（Jitamitra Malla，1673～1696 年在位）和布帕亭德拉‧馬拉 （Bhupatindra Malla，1696～1722 年在位） 等喜愛文學藝術的君主，因此該王國的文化藝術和建築均得到長足的發展。其中，特別是布帕亭德拉‧馬拉在尼泊爾歷史上占有一席之地。他非常愛好建築廟宇和宮殿，主持修建有五十五扇窗戶的宮殿，是建築上卓越創作的典範，這座宮殿至今依然是尼泊爾最具藝術特質的名勝古蹟之一。此外，他所修建的五層塔廟和塑造的郁迦游陀和濕婆神像等，都成了尼泊爾建築雕塑的傑作。

圖 16：五十五窗宮殿

## 二、帕坦王國

　　關於帕坦王國取得獨立的地位，尼泊爾編年史和其他一些古代資料有不同的說法。某些史料說，遠在 1324 年（即統一的馬拉王朝分裂之前一百五十八年），哈里・辛哈・德瓦入侵馬拉王朝以後，帕坦就取得了獨立地位；而另一些史料則說，亞克希亞・馬拉將帕坦城作為女兒的嫁妝陪嫁；還有別的史料說，它是亞克希亞・馬拉的次子拉特納・馬拉統治加德滿都時開始獨立的。不管怎麼說，自亞克希亞・馬拉 1482 年死後，帕坦便由他的子女單獨治理。直到 1769 年帕坦王國淪陷於普里特維・納拉揚・沙阿之手的二百八十七年的時間內，帕坦王國共經過多達十九個國王的統治。之所以出現國君更替頻繁的局面，主要是因為 1705 年約加・

納倫德拉‧馬拉死後無嗣，大臣會議操縱政務，他們根據自己的利益隨意廢立國王所致。

在帕坦王國的諸王中，希迪‧納拉‧辛哈‧馬拉（Siddhi Narasimha 1620～1661 年在位）最為優秀。他是一個熱心宗教又有文才的人，愛好藝術和文學，本人就是一個詩人和劇作家。他也在帕坦興建許多寺廟、噴水口、客棧和貯水池，其中有二十一個塔尖的拉達黑天廟 (Krishna Mandir) 至今仍被視為建築設計的奇蹟，是尼泊爾藝術的獨特典範。國王是一個非常虔誠而又有道德的人，過著聖人般的生活，甚至在晚年把王位讓給兒子，拋棄世俗事務而成為苦行者。他統治的時期，帕坦的商業十分繁榮，外國商人經常來到帕坦並在那裡住下。

但是，帕坦王國於 1705 年後因兩度朝臣奪權導致混亂和王朝衰落。特別是在帕坦王國末期，朝廷的六個重臣擁有絕對權力為所欲為，隨意擁立、廢黜、驅逐甚至殺害國王，致使朝政混亂、國家衰弱，最後很快被普里特維‧納拉揚‧沙阿所滅亡。

## 三、加德滿都王國

亞克希亞‧馬拉死後，他的次子拉特納‧馬拉（Ratna Malla，1482～1520 年在位）用陰謀篡奪了他長兄的王位合法繼承權而當上加德滿都國王。加德滿都王國二百八十六年的歷史上先後有十九個馬拉國王統治。王位傳至第十九個國王賈亞‧普拉卡什‧馬拉並由其統治三十二年後，於 1768 年被普里特維‧納拉揚‧沙阿所征服。

圖 17：普拉塔普・馬拉國王雕像柱

在加德滿都王國的諸王中，普拉塔普・馬拉（Pratap Malla，1641～1674 年在位）最為傑出，遠在其父拉克希米・納拉・辛哈・馬拉時，他就作為父親的攝政者統治加德滿都十六年，而後才於 1641 年正式登上王位。他是一位勇敢能幹的政治家，長於治理，熟諳兵器，善於作戰。他不僅以縱橫捭闔的手腕在尼泊爾谷地三國鼎立中抵禦和擊敗了廓爾喀國王達姆巴爾・沙阿和西藏來犯，而且把西藏的谷地納入加德滿都的管轄之下。他同時也是一個非常有學問的詩人，精通梵文、尼瓦爾文、印地文及其他語言。他寫了許多詩歌，也非常愛好音樂，能歌善舞。並且虔信宗教，修葺許多寺廟和塑造許多神像。他既是印度教徒，同時又信仰佛教，而且還學過佛教的密宗。在其統治期間，密宗在尼泊爾得到很大發展。

除了普拉塔普・馬拉外，還有其他馬拉國王也對鞏固和發展

加德滿都王國有所貢獻。其中，拉特納‧馬拉鎮壓了塔庫里族酋長的叛亂、菩提亞族及其他部落的騷擾和襲擊，從而鞏固了王朝的地位；馬亨德拉‧馬拉（Mahindra Malla，1560～1574 年在位）採納印度莫臥爾皇帝的建議，鑄造銀幣並使之流通，發展與莫臥爾王朝、西藏的友好關係和貿易，促進本國的經濟繁榮。此外，拉克希米‧納拉‧辛哈‧馬拉的女婿兼首相比姆‧馬拉也是一個精明能幹的施政者，他與西藏簽訂條約，開創尼泊爾與西藏的貿易，為尼泊爾對外貿易的繁榮奠定基礎。

## 第四節　國勢衰微

馬拉王朝雖然盛極一時，但隨著國家的分裂，力量被削弱了，國勢不免開始走下坡，國家也日漸衰微了。在廓爾喀人征服尼泊爾谷地之前，尼泊爾的政治經濟狀況就已經每況愈下、風雨飄搖。

儘管尼泊爾谷地的三個國王都同屬馬拉王朝，但他們之間卻彼此嫉恨、傾軋和殘殺，使得尼泊爾昔日的榮光消失殆盡，每個王國都想削弱別國以達成本國的霸業。巴德岡是尼泊爾的古代王國和首都，因而國王總以為自己是馬拉人中最出類拔萃的人物，並引以為傲。另一方面，加德滿都王國幅員廣大，商業貿易遠勝他國，國王便自認為是尼泊爾的最高統治者。帕坦則是我行我素，從不關心其他王國。相互爭鬥的結果不是壯大自己，而是三敗俱傷。在廓爾喀人進攻之時，三個王國都沒有大局為重的觀念，互不援助，直至被廓爾喀人各個擊破。在沙阿軍隊的進攻下，聲威

赫赫的馬拉王朝頃刻瓦解。

　　三個王國的政治制度各不相同。巴德岡王國實行一定程度的民主制，國王在行政和司法的重大事務方面都聽取人民的意見。帕坦王國的朝政則為一些陰險毒辣的大臣所把持，國王的廢立和生死常常操縱在他們手中。加德滿都的國王相較於其他王國，可以說擁有較大的權力，但因出現一些傲慢和剛愎自用的君主，導致朝政混亂。

　　三個王國的具體政治局勢也各不相同。在巴德岡，國王拉納吉特‧馬拉由於與加德滿都不和，就和當時還是廓爾喀王子的普里特維‧納拉揚‧沙阿結好，讓他在巴德岡住了三年，有研究尼泊爾谷地政治形勢的充足機會。後來，滅掉馬拉王朝的正是此人。

　　在帕坦，大臣們就是絕對權威，高踞於一切之上。他們是一夥陰險自私的人，只管自己爭權奪利，從不關心人民的福利。國王如果拒絕聽從他們的命令，就會被放逐或處死。他們是國家真正的統治者，可以隨心所欲地擁立或廢黜國王，有時為了自己的利益甚至不惜招引外敵成為帕坦國王，和鄰國的關係也不和睦。

　　加德滿都國王的權勢比其他國王大。但是，該國末代國王賈亞‧普拉卡什‧馬拉的性情暴躁，經常與他的兄弟和貴族發生糾紛，並且對大臣背信棄義，所以國內不得安寧。最後搞得宮廷內的貴族和大臣都對他不滿，到處都在策劃陰謀，連王后也參與其中。國王曾經被迫離位逃走，導致加德滿都人心渙散。廓爾喀人入侵時，他還引狼入室，想讓英國人對付廓爾喀人，結果差點使國家喪失主權。

　　馬拉王朝極盛時期的經濟也逐漸衰落。忙於爭權奪位的國王們，隨意揮霍國家的財富，甚至掠奪廟宇和寺院的基金、財寶和各種裝飾品。賈亞・普拉卡什在經濟上處於絕境，甚至無力發放軍餉。凡此種種都表明，到了十八世紀，尼泊爾的經濟狀況已經到了無藥可救的悲慘狀況了。隨著國家的分裂和政治上的動盪不安，經濟日趨蕭條，加上連年戰爭，國庫耗盡，到廓爾喀人征服谷地前，谷地各馬拉王國的經濟已經瀕臨崩潰。

　　國家的政治經濟狀況如此，軍事力量也就可想而知了。馬拉諸王雖然互相攻打，但是他們並沒有受過正規訓練的軍隊，而且還不信任自己的將領，寧可招請外國軍隊來與敵人作戰。賈亞・普拉卡什就是這樣做的。其結果，是浪費了大量的國家財富。再者，馬拉王朝諸王目光短淺、缺乏遠見。如果偶然擊敗敵人一次，就會驕傲自滿、自我膨脹，從不考慮他們還得再次與敵人作戰。

　　以上可知，分裂是馬拉王朝走向衰落的根本原因。由於分裂，使得馬拉王朝無論政治、經濟，還是文化，都處於極度混亂狀態，對抗外敵的力量無從談起。而谷地諸王朝的君主們顢頇無能，無法與雄才大略的普里特維・納拉揚・沙阿相提並論，這就注定了尼泊爾谷地難以抵擋廓爾喀人的兵鋒。

第 II 篇

近　代

# 第四章 | *Chapter 4*

# 外患頻仍的沙阿王朝

## 第一節　「尼泊爾命運的締造者」

截至十八世紀，一度聲威顯赫的馬拉王朝經過長期分裂，早已國勢衰微。與此同時，南部的廓爾喀人卻如日中天。

關於廓爾喀王朝的起源，據史料記載，它源於十四世紀初北印度月亮 (Lunar) 族的麥瓦爾 (Mewar)，即契托爾 (Chittor) 王朝。因為這個民族自稱月亮是他們的祖先，所以自稱為月亮族。王朝創立者為里什‧拉吉‧巴克拉塔，是北印度烏代普爾的王公。後來，由於德里蘇丹入侵，這個王朝的後裔離開契托爾到各地定居，其中一支進入尼泊爾西部，並在那裡建立了自己的王國。到 1559 年，這個家族的後裔德拉比亞‧沙阿（Dravya Shah，1559～1570 年在位）征服了廓爾喀及其附近的小酋長國，建立了廓爾喀王國。廓爾喀本是尼泊爾西部一個不大的村落，德拉比亞‧沙阿以它為中心建立王國，歷史上就將這個王國稱為廓爾喀王國。即便後來

他們入主尼泊爾谷地並統一了尼泊爾，把都城從廓爾喀遷至加德滿都，並把疆界擴張至今天的範圍，人們仍稱它為廓爾喀王朝，並且，由於廓爾喀王朝的影響，尼泊爾也往往被稱為「廓爾喀」。

德拉比亞·沙阿建立廓爾喀王朝後繼續擴大疆界。繼他之後直至普里特維·納拉揚·沙阿即位，這個王國經歷九代君主。他們勵精圖治，不斷擴張，到十八世紀時，王朝便逐漸強大起來。

1722 年，廓爾喀國王納拉·布帕爾·沙阿的第二個王后高薩麗雅巴蒂生下了普里特維·納拉揚·沙阿。據說，一天夜裡，高薩麗雅巴蒂王后夢見她吞下了太陽。從夢中醒來後，她把所做的夢全部告訴丈夫，國王聽了極為高興，但卻把她痛打一頓，她哭了起來。日出後，國王對她說：「你聽我說！我之所以打你，就是不讓你入睡，因為你所做的夢是非常吉祥的夢，要實現這場好夢，你就不應該再入睡了。」王后聽了這個解釋非常高興。七個月以後，普里特維·納拉揚·沙阿便出生了，他成了再次統一尼泊爾的傑出君王，由他創立的沙阿王朝統治了尼泊爾王國兩百餘年。

普里特維·納拉揚·沙阿具有一個傑出統治者應有的資質──勇敢、百折不撓、善於用兵；且同時是一個優秀的組織者和施政者。他於 1742 年登上廓爾喀的王位，之後經過長達二十七年的艱苦戰鬥，終於征服尼泊爾谷地。據說，有一天，普里特維登上山頂，問道：「哪裡是尼泊爾？」有人指給他看，說：「那裡是巴德岡，那裡是帕坦，這裡是加德滿都。」一種想法立即湧入普里特維的心頭，即他有可能成為這三個城市的國王。為什麼不這樣呢？他告訴自己。

為了攻占尼泊爾谷地，他首先攻打谷地西部的門戶努瓦科特。在第一次進攻慘敗後，他得到一位經驗豐富的老將卡魯·潘德 (Kalu Pande) 的幫助。潘德聰明、老練、遠見卓識，為了攻打努瓦科特，他決定採取遠交近攻的戰略，與鄰近的小國結盟。為此，他親自出訪拉姆忠 (Lamjung)，並與那些小國建立聯盟。廓爾喀人還幫助拉姆忠抵抗卡斯基 (Kaski)。接著，他們先後與卡斯基、塔納亨 (Tanahun) 和帕爾帕 (Palpa) 建立了聯盟。

1745 年，各方面做好準備後，廓爾喀軍隊開始進攻尼泊爾谷地。由於吸取了第一次進攻失敗的教訓，這次廓爾喀軍隊謹慎許多。很快地，努瓦科特被攻下。下一個目標是比爾科特。

由於大多數努瓦科特士兵都逃往比爾科特躲避，而且占領比爾科特對於努瓦科特的安全又是必不可少的，沙阿便不顧潘德的勸阻發動了猛攻，結果遭到慘敗。後來在潘德的幫助下，廓爾喀人終於戰勝了比爾科特，努瓦科特軍隊的指揮官賈揚特·拉納在戰鬥中陣亡。

這時候廓爾喀人已穩固占據努瓦科特，並對加德滿都實行全面封鎖，不許任何物品從西部運入。對此，加德滿都王國國王賈亞·普拉卡什不能置之不理，他立即派遣卡希·拉姆·塔帕進攻廓爾喀，結果大敗。

普里特維企圖進一步占領谷地周圍所有的地區。因此，他在納爾頓和馬哈德瓦波卡里建立起他的霸權，不久，又奪取了達哈喬克等全部戰略要地，截斷對谷地的一切供應。

由於廓爾喀截斷了拉姆忠與塔納亨對加德滿都的所有供給，

拉姆忠國王便轉而與塔納亨以及其他一些小國結成聯盟，並再次攻打廓爾喀，聯軍在錫爾罕喬克一戰被擊敗，拉姆忠人都逃跑了。鑑於連自己的親戚塔納亨國王都反對自己，沙阿便想採取間接的方法來征服塔納亨。他父親的老師高里斯瓦爾‧潘特也是塔納亨國王的師尊，普里特維便懇求他充當廓爾喀和塔納亨之間的調停人。塔納亨國王特里‧比克拉姆‧森按照他師尊的指示，同意會晤。雙方正在交談時，預先埋伏好的普里特維的士兵捉走了特里‧比克拉姆‧森，並將他關入監獄。

接著，他出師谷地，奪取法爾平、潘德岡、蘇納岡、科卡納以及其他一些村莊，然後攻打基爾提普。在巴爾庫河岸上經過長達五小時的一場激戰後，廓爾喀軍隊受到沉重打擊，戰功赫赫的潘德陣亡了。雖然痛失大將，普里特維卻並不肯就此罷休。當時，在谷地各王國之間發生激烈紛爭，普里特維乘機奪取了希瓦普里、帕蘭喬克、卡布雷科特和卡比拉斯普爾。

1763 年，普里特維攻占了馬克萬普爾 (Makwanpur)，又攻克了提馬爾和辛杜利—加里。

1764 年，普里特維鞏固了自己的陣地以後，突然再次向基爾提普人發動了襲擊，俘虜固守基爾提普的卡吉‧丹萬塔‧辛哈的兒子比爾‧納拉‧辛哈，並將他關入監獄。丹萬塔走投無路，只好投降，基爾提普也於 1767 年 12 月落入廓爾喀之手。

1768 年 9 月 25 日，當加德滿都谷地的人民正在歡慶因陀羅節的時候，廓爾喀人從比姆森丹、納爾德維和通迪克爾三面包圍了加德滿都。賈亞‧普拉卡什簡直無法抵擋這次意外的突襲。儘

管如此，他還是打了一陣，然後逃跑。他先躲藏在圖拉賈女神廟內，然後逃往帕坦，在特吉‧納拉‧辛哈國王那裡避難。普里特維幾乎不費吹灰之力就攻占加德滿都，並於當天夜晚登上加德滿都的王位。

賈亞‧普拉卡什在帕坦避難僅僅幾個月，帕坦的權臣們便想投靠沙阿，把帕坦併入沙阿的版圖。帕坦和加德滿都兩國的國王得知此事後，便逃到巴德岡的拉納吉特‧馬拉國王那裡避難。於是帕坦便兵不血刃地歸於普里特維的管轄之下。

接著，普里特維‧納拉揚捎信給巴德岡的拉納吉特‧馬拉國王，要他交出兩位流亡國王，但是遭到拉納吉特拒絕。這就給沙阿入侵巴德岡提供一個很好的藉口。於是，普里特維向巴德岡發起進攻。賈亞‧普拉卡什國王在戰鬥中受傷，拉納吉特國王在無計可施的情況下，只好投降。於是，谷地的三個王國便都歸沙阿統治，馬拉王朝的統治就此壽終正寢。

繼後，普里特維叫這三個國王說出他們各自的願望。拉納吉特表示願意到貝拿勒斯去度過他的晚年。普里特維應允了，把他送往貝拿勒斯。賈亞‧普拉卡什說，他不再貪求任何世俗的樂趣和幸福，但願他行將就木的軀體能夠安安靜靜地留在帕蘇帕提，於是他被送往阿里亞加特。特吉‧納拉‧辛哈卻沒有回答普里特維，他便被送往拉克希米普爾監獄，後來死於獄中。至此，普里特維‧納拉揚重新統一加德滿都谷地一帶，把分裂的尼泊爾再次聚合在一起，被尊為沙阿大君。

但是，他並沒有就此滿足，繼續東征西伐，把尼泊爾的疆界

擴張到東至大吉嶺，西至馬爾西揚迪和哲普河，北達拉蘇瓦加迪，南抵莫朗和哈努曼加爾。

　　普里特維‧納拉揚‧沙阿是一個能幹的施政者，也是一個聰明而有遠見的政治家，為人寬宏大量，對被征服的人民很好，並把他們當作自己的人民一樣看待。他常說：

> 「我的王國是一個有著四個種姓和三十六個次等種姓的花園。在這裡他們才能像百花一樣盛開怒放。」

他希望看到人民幸福昌盛，時常說：「人民強盛，政府方能強盛。」正是由於這個原因，他的王國不乏人才。

　　普里特維希望發展國家貿易，而採取封鎖其他商路的方法，迫使印度對西藏的貿易必須通過尼泊爾來進行，把尼泊爾的貿易保持在尼泊爾人的手中。他時常說：「如果容許外國商人進入尼泊爾，他們勢必要使人民貧窮。」因此，他禁止一切外國布匹和貨物輸入，用發展輸出的方法來阻斷輸入，並開採礦藏，發展民族工業，並興辦此類事業來促進國家進步。此外，他還愛好民族舞蹈，並鼓勵民族舞蹈家。在宗教方面，他沒有偏見，能夠尊重一切宗教。

　　和馬拉王朝諸王一樣，普里特維也愛好興建廟宇和宮殿。鄰接猴神門宮的巴桑塔普爾九層樓宮殿，橫跨魯德拉馬提河的大橋以及加德滿都的大客棧（辛哈大客棧）都是他的功績，同時還用石塊鋪設了通往帕蘇帕提的道路。

　　總而言之，普里特維．納拉揚是一位公認豁達大度的統治者和能幹的施政者，以他的手腕、勇敢、智慧和遠見，把一個小小的廓爾喀王國變為強大、繁榮昌盛的尼泊爾王國。他把因內戰而陷於四分五裂的所有小國統一成為一個完整的國家。也是他，奠定了大尼泊爾 (Greater Nepal) 的基礎，並且吸納尼泊爾各地區各民族的優秀人才進入中央集權政府，重塑了尼泊爾的強盛。大尼泊爾或大尼泊爾地區是一個政治地理概念，意為超越尼泊爾的界限，指稱廓爾喀人至 1813 年止的統治區域，也包括 1814 年至 1816 年英尼戰爭結束之後簽署的《蘇高利條約》(*Treaty of Sugauli*)，領土被割讓給英國東印度公司下的區域。這個概念在現今許多尼泊爾民族主義團體還存在著。

　　尼曆 1831 年 10 月 1 日，即西曆 1774 年 1 月，普里特維．納拉揚．沙阿在德維加特逝世。他的一生可謂意志堅強，行事果斷。雖然有時戰敗，但從不灰心，而是每每親臨戰場指揮軍隊，最後取得勝利。他是勇敢的戰士，也是政治家。他明白自己該做什麼，也知道如何去做。如果沒有普里特維．納拉揚．沙阿把幾個小國統一為一個強大、獨立自主的尼泊爾，英國人或其他列強早就把這幾個小國全部控制在手了，而作為英雄民族聞名於世的尼泊爾人也就不復存在了。因此，普里特維．納拉揚．沙阿被譽為「尼泊爾命運的締造者」，尼泊爾人尊為國父。

　　普里特維．納拉揚．沙阿之後的沙阿王也曾出現一些很有建樹的統治者，其中包括拉金德拉．拉克希米王后（Rajendra Rajya Lakshmi Devi，1777～1785 年攝政），她征服了西部的二十四個小

國，對開拓尼泊爾疆域有傑出的貢獻，因而作為一代巾幗英雄名垂史冊。巴哈杜爾‧沙阿親王（Bahadur Shah，1785～1794 年攝政）文武雙全，他在短短的七、八年時間內，把普里特維‧納拉揚‧沙阿遺留下來的尼泊爾領土擴大了三倍。尼泊爾便在東起不丹、西至克什米爾、北及西藏、南達印度俄得的廣闊地域上建立宗主權。此外，親王還出版用尼泊爾文寫的傑作，並與一些著名學者保持聯繫。在國外，恢復了一度中斷的與西藏的貿易。但是，這樣的強盛局面並沒有持續多久，很快地，沙阿王朝便被內憂外患包圍。

## 第二節　「受尊敬的對手」──英尼之戰
### (Anglo-Nepalese War)

普里特維‧納拉揚‧沙阿死後的尼泊爾面臨的最嚴重的危機，就是英國殖民勢力的入侵和干涉。十八世紀末到十九世紀初，隨著英國東印度公司擊敗法國殖民者，在印度形成獨占之勢後，侵略和占領與印度相連的尼泊爾可說是遲早的事情。沙阿王朝從一開始就遇上了不利的國際局勢。

早在普里特維‧納拉揚‧沙阿在世時，英國東印度公司就懷有向尼泊爾擴張的野心，並且已於 1765 年進攻尼泊爾。但是在辛杜利─加里地區，英國軍隊被普里特維擊敗，這才暫時放棄攻打尼泊爾山區的計劃。然而，英國人始終沒有放棄侵略和干涉尼泊爾的野心。

　　英國侵略印度後，於十八世紀末，以印度為基地向北進犯尼泊爾。早在 1791 年，英國與尼泊爾簽訂了一項掠奪性的「通商條約」。並於當年介入調節中尼矛盾，派使團進入尼泊爾。次年，英尼又簽訂了一項通商條約。1802 年，英國向尼泊爾派出第一位常駐使節 W. D. 諾克斯 (W.D. Knox)。

　　著名的黑斯廷斯勳爵 (Warren Hastings) 任印度總督期間，英國人已經產生占領德萊平原區域的念頭，並對尼泊爾的使節加以侮辱。他們命令尼泊爾軍隊於二十五天以內離開布特瓦爾 (Butwal)，這實際上就是對尼泊爾人的挑戰。為此，比姆森‧塔帕首相（Bhimsen Thapa，1806～1837 在位）召集酋長和貴族開會。很多人都主張與強大的英國人媾和，但又擔心如果不予還擊，可能喪失整個德萊平原。於是他們送了一個用火漆密封的命令給帕爾帕長官，告訴他：如果英國人進行滲透，就把他們趕出去。可是在這項命令到達以前，英國人就已經占領了布特瓦爾。最初，帕爾帕長官保持沉默，但一接到命令，便把英國人趕了出來。在這次戰鬥中，有十八名英國士兵被擊斃，其餘的逃跑了。黑斯廷斯勳爵以尼泊爾人殺死英國士兵和對鄰國領土進行滲透的罪名，於 1814 年 11 月 1 日向尼泊爾宣戰。

　　為了與廓爾喀人作戰，英國人調集大量軍隊，槍炮充分裝備，並兵分五路：奧克特洛尼將軍率領部隊四千人在途中占領賈爾瓦後通過臺拉登向前推進；莫利將軍率領部隊八千人從馬克萬普爾向前移動；萊特少校率領部隊二千人從普爾尼亞出發，並煽動錫金反對尼泊爾。除此之外，尼泊爾西部的地方官也都加入了英國

　　一方。所有部隊都擁有大量的槍炮裝備，從東、西、南三面向尼泊爾發動圍攻。

　　尼泊爾受到來自各方面的攻擊，情況危急。比姆森‧塔帕首相採取堅決捍衛民族獨立的政策，並團結全國各地的酋長投入反抗英國帝國主義侵略的鬥爭。

　　在這次戰爭中，尼泊爾人民為守土衛國進行了許多可歌可泣的戰役和戰鬥，湧現許多名垂史冊的民族英雄。在無數次抗英戰役中，最值得提及的要數以下幾次。

## 一、卡朗加戰役 (Battle of Kalanga)

　　由英國吉萊斯皮將軍 (Robert Rollo Gillespie) 率領的四千部隊從臺拉登地區攻打卡朗加堡壘。尼泊爾將領巴拉巴德拉 (Balbhadra Kunwar) 帶領著六百人，包括婦女和兒童，駐紮在這裡守衛著這個堡壘。英國人開始向堡壘猛攻並用炮火轟擊，但英勇的尼泊爾人並沒有退卻。猛烈的戰鬥持續了一天，失望的英國人終於撤退。在這次戰鬥中，埃利斯中尉被擊斃。吉萊斯皮將軍聽到失敗的消息後，便親自指揮作戰，接著又是一場猛烈的戰鬥。但是英國人又被擊敗了。英國人槍炮雖多，火力雖猛，也無濟於事。尼泊爾人雖然只有一門大炮，吉萊斯皮將軍卻恰恰被這門大炮擊中斃命。這對英國軍隊是一個極大的打擊，因而更加激怒了他們，經過增兵和加強裝備以後，英國軍隊在莫威上校 (Sebright Mawbey) 的指揮下，再次向堡壘發起進攻。雙方作殊死戰，英勇的尼泊爾人，甚至婦女都頑強、勇猛地戰鬥著。他們從堡壘裡用

圖 18：善戰的廓爾喀步兵

石頭和木塊痛擊敵人。試圖闖進堡壘的敵人無不在廓爾喀人鋒利的「廓戈利」腰刀下喪命。之後，英國人又發動第三次進攻，但也同樣失敗，莫威上校不得已只好下令解除對堡壘的圍攻。

　　鑑於僅從外邊炮轟堡壘不可能把尼泊爾人趕出來，英國人便採取另一種戰略。他們找到通往堡壘的水源，把它堵塞起來，切斷了堡壘裡水的供應。困在堡壘裡的人，包括婦女和兒童，發現他們自己由於缺水而處在絕境時，便手持「廓戈利」腰刀走了出來。他們冒著敵人猛烈的炮火，與從納漢方面派來保護他們的部隊會合後，便向吉特加爾進發。他們撤離後，英國人便占領了這座空堡壘。由於對尼泊爾人這種英勇無畏和不屈不撓的精神產生

敬畏，英國人樹立了一座紀念碑向巴拉巴德拉和他的部下表示敬意，碑文寫道：

> 敬獻我們英勇的敵人巴拉巴德拉和他勇敢的廓爾喀朋友們。

英國人知道如何尊敬英雄，不管他們是朋友還是敵人，只要他們英勇不屈便值得尊重。卡朗加戰役是尼泊爾歷史上最著名的一役，巴拉·巴德拉作為民族英雄永留尼泊爾史冊，為他自己更為他的國家博得了永久的聲譽。

　　從此之後，儘管英軍攻勢越來越猛，但他們始終視尼泊爾人是可尊敬的對手。廓爾喀士兵的英勇善戰也由此聞名，若干年之後，當英國已經在尼泊爾站穩腳跟，而需要鎮壓亞洲其他地區的反抗鬥爭時，總是喜歡從尼泊爾徵調廓爾喀士兵，尼泊爾成了英國的兵員補給地，其原因便是英國人初次遇到尼泊爾人抵抗時留下的深刻印象。

## 二、齋塔克之戰 (Battle of Jaithak)

　　吉萊斯皮死後，由馬丁代爾將軍 (Martindale) 接替指揮他的部隊。他在指揮部隊進攻齋塔克時遇到喬斯帕·塔帕 (Jaspao Thapa) 和拉納吉爾·塔帕 (Ranajor Singh Thapa) 率領的尼泊爾部隊頑強抵抗。英國人雖然竭盡全力，但仍然不能攻克齋塔克，最後只好逃走。

### 三、吉特加爾之戰 (Battle of Jit Gadhi)

伍德將軍 (John Sullivan Wood) 率領的英國軍隊從哥拉克浦爾出發進攻布特瓦爾的吉特加爾堡壘。負責防守堡壘的尼軍在瓦吉爾・辛哈・塔帕 (Ujir Singh Thapa) 的領導下奮勇抵抗。英軍遭到重大傷亡，但仍然攻不下堡壘，只好撤退。三個月後，伍德將軍又率軍攻打布特瓦爾，被克里帕蘇率領的尼軍趕走。

### 四、帕爾薩之戰 (Battle of Parsa)

當莫利勳爵的英軍部隊取道比查科里和赫陶拉前往攻打加德滿都時，英軍以鉗形攻勢向加德滿都開進。駐守馬克萬普爾的尼軍在拉納比爾・辛哈・塔帕 (Ranabir Singh Thapa) 指揮下前往迎擊。英軍同時在薩曼加爾和帕爾薩分別遭到由薩爾巴吉上尉和蘇姆謝爾・拉納率領的尼軍出其不意的猛烈襲擊，英軍的指揮官被擊斃，部隊丟下大量武器給尼軍後倉皇逃竄，莫利勳爵本人也逃跑了。

### 五、馬龍之戰 (Battle of Malaon)

在著名的馬龍戰役中，英軍以精明能幹著稱的奧克特洛尼將軍 (David Ochterlony) 被尼泊爾主將阿馬爾・辛哈・塔帕 (Amar Singh Thapa) 大敗。戰役爆發前，奧克特洛尼曾一直密切關注和研究尼泊爾的形勢，攻占位於薩特里日河左岸尼泊爾人的哨所和領地，然後向馬龍推進。負責守衛堡壘的阿馬爾・辛哈在英軍還

未站穩腳跟之前，就採取攻勢。英軍遭到很大的傷亡，奧克特洛尼向黑斯廷斯總督要求增派部隊，並爭取到一些山區小國酋長支援。援軍到達後，奧克特洛尼在六個月內發動多次進攻，都未能占領馬龍，在百般無奈的情況下，他寫信給阿馬爾·辛哈，以高官厚祿作誘餌，企圖收買這位尼泊爾將領。阿馬爾·辛哈認為這信是對他的侮辱，他把信撕得粉碎，更加勇猛地投入戰鬥。他的忠誠和在戰場上表現出來的英勇剛毅，深深激勵尼泊爾將士。

## 六、德瓦塔爾之戰 (Battle of Deuthal)

奧克特洛尼在馬龍戰役失敗後率部隊攻打分別位於馬龍左右兩面的德瓦塔爾和蘇拉吉加爾兩個堡壘。尼泊爾的另一位民族英雄巴克提·塔帕 (Bhakti Thapa Chhetri) 當時年已七十，但他還和自己的兒子一道奔赴戰場保衛祖國，率領五百名士兵為收復德瓦塔爾與敵人展開激烈的戰鬥。在德瓦塔爾戰役中，他身先士卒，用廓戈利腰刀猛烈衝殺，造成敵人慘重的傷亡。尼泊爾軍隊也手持長劍和廓戈利腰刀冒著槍林彈雨向敵人陣地衝鋒。巴克提·塔帕在衝鋒陷陣時中彈身亡，大部分尼泊爾士兵也陣亡，尼泊爾人未能收復失地。然而，尼泊爾軍隊仍然憑藉他們的英勇而使敵人遭受重創，巴克提·塔帕更是為尼泊爾民族譜寫了一曲壯麗的英雄史詩。戰後，連英國人也對他的英勇精神深表欽佩，以軍禮將他的遺體送回給阿馬爾·辛哈·塔帕。

雖然尼泊爾人面對英國帝國主義者的侵略英勇不屈，前仆後繼、頑強戰鬥，但無奈人數和武器裝備上都處於絕對劣勢，形勢

變得對尼泊爾人越來越不利。德瓦塔爾戰役之後，英軍攻克阿爾
莫拉要塞，守衛的尼泊爾將領或陣亡或被迫投降。英國的萊特少
校又拉攏尼泊爾的近鄰錫金，並在錫金統治者的幫助下攻占了莫
朗。其後，庫茂恩、賈爾瓦等地也先後落入英國人之手。

　　在這樣的情況下，尼泊爾國王吉爾班‧尤達‧比克拉姆‧沙
阿（Girvan Yuddha Bikram Shah，1799～1816 年在位）提出了媾
和的建議。1815 年 11 月，尼泊爾派使節前往印度北方邦的薩高
利與英國人談判，雙方草擬了一個條約。但是，就在這時，尼泊
爾國內以阿馬爾‧辛哈為代表的主戰派占了上風，堅決反對簽訂
喪權辱國的條約，於是政府又拒絕簽約，事情一拖就是一年。尼
泊爾政府在此期間積極與中國聯繫，要求中國給予援助。黑斯廷
斯勳爵得知這一消息後，便派遣奧克特洛尼率領二萬軍隊向尼泊
爾大舉進犯，試圖以武力一舉拿下尼泊爾。

　　尼泊爾的拉納‧比爾‧辛哈上校率領軍隊一萬人從加德滿都
前進，他派出一部分軍隊去封鎖楚爾河，自己則率領其餘的部隊
在馬克萬普爾設置陣地。於是，奧克特洛尼遭尼泊爾人四面包圍，
不敢冒險向前推進。但是不久他便找到一條鮮為人知的小道，率
領軍隊通過那條小道而占領了離馬克萬普爾不遠的一個叫做西卡
爾卡特尼的村莊。接著，拉納‧比爾‧辛哈派遣蘇姆謝爾‧拉納
上尉帶領二千人去與奧克特洛尼交戰。尼泊爾人被擊敗，奧克特
洛尼便向哈里哈普爾推進，在那裡又進行了一場激烈的戰鬥。尼
泊爾人被擊敗，中國方面沒有給尼泊爾人及時的援助。最後，均
已筋疲力盡的英國和尼泊爾決定再次媾和。

　　1816 年 3 月 4 日，英尼雙方簽訂《蘇高利條約》，主要內容如下：

1. 直到薩拉宇河 (Sarayu River) 為止的全部領土仍歸英國統治。
2. 直到布特瓦爾為止被英國人占領的土地須歸還尼泊爾。
3. 尼泊爾的邊界是：東至梅奇河 (Mechi River)，西至馬哈卡利河 (Maha Kali River)。
4. 英國須在加德滿都設立總督代表官邸。
5. 尼泊爾與英國繼續保持友好關係。
6. 根據條約條文，尼泊爾經納加爾科特要塞歸還錫金的統治者，並與該國締結一項友好條約。

　　戰爭結束了，尼泊爾雖然失敗了，但是尼泊爾人民並沒有就此屈服。儘管比姆森・塔帕首相在戰爭中遭到失敗，但他仍在尋找機會將英國人趕出尼泊爾。為此，他進行了一系列改革，主要內容如下：

1. 改編並加強軍隊，建立駐軍點、兵工廠、軍火庫和兵營，並對他的部隊進行軍事訓練。
2. 為了提高軍隊的尊嚴，他實行了軍人戴頭飾、冠冕及穿軍服的制度。
3. 竭力在尼泊爾廢除奴隸制度，廢除馬嘉人的買賣子女制

度；禁止政府官吏折磨佃戶；禁止一些陋習。

4. 規定糧食和其他貨物的市場價格，並統一度量標準；改革郵政制度，便於國內的通訊聯繫；為發展貿易和工業，頒布法令並採取措施在尼泊爾各地建立新的城市；設立木材出售站。

5. 進行全國土地調查，將王國劃分為幾個區域，並委任新官員管理這些區域的行政；在全國各地建立了法庭。

6. 修路、架橋，並開始使用馬車；制定新的長期規劃開墾山區的荒地和德萊平原的荒原。

比姆森‧塔帕是尼泊爾人當中較早看到了尼泊爾在西方近代文明衝擊下暴露出落後一面的人，這和他歷經尼泊爾外患是分不開的。比姆森‧塔帕勵精圖治，希望將尼泊爾帶入到近代化的大門，能夠免於外辱。然而，改革卻困難重重。不僅國內的保守分子冥頑不化，而且英國殖民當局為了鞏固其對尼泊爾的勝利並在尼泊爾站穩腳跟，也千方百計要阻撓比姆森‧塔帕的改革。

1834 年，尼泊爾接連遭受地震和洪水之災，比姆森‧塔帕想要節約政府開支，導致與國王的不和。英國人有了可乘之機，他們製造陰謀，煽動潘德家族 (Pande family) 起來反對比姆森‧塔帕。潘德家族大肆宣揚尼泊爾的天災是比姆森‧塔帕的愚蠢造成的，國王免去比姆森‧塔帕的首相之職，派往加爾各答做使節，三年後才得以返回尼泊爾。

潘德家族的忠格‧巴哈杜爾‧拉納 （Jung Bahadur Rana，

1846～1856 年 8 月、1857 年 6 月～1877 年任職）逐漸爬上首相
寶座，1839 年，他殘忍地謀害比姆森‧塔帕一家，這位尼泊爾近
代史上偉大的政治家和愛國者就這樣悲慘地結束了一生。他的死
預示著尼泊爾將面臨著更大的內亂，也預示著尼泊爾將難以擺脫
貧困落後、被奴役控制的命運。

## 第三節　拉納家族的統治

　　沙阿王朝從一開始就面臨重重外患，最終淪為英國的附庸。
不過在這一進程中，尼泊爾還是出現過很有建樹的統治者，他們
曾為振興尼泊爾殫精竭慮，比姆森‧塔帕首相就是其中之一。他
一生致力於抵抗英國殖民者的入侵，同時對內實行軍事編制體制、
行政和司法制度等一系列改革。鑑於比姆森‧塔帕的功績，人們
把他列為尼泊爾獨立國家的締造者之一。但是，比姆森‧塔帕等
人的辛勞並不能維護尼泊爾的獨立，也不能鞏固沙阿王朝的統治；
相反地，宮廷內部的權力爭奪越演越烈，而且這種鬥爭的背後又
總是有英國人涉入，最終以忠格‧巴哈杜爾‧拉納的篡權告終，
沙阿王室淪為傀儡，尼泊爾開始了拉納家族長達百年的統治。
　　拉納家族的祖先也是契托爾的王室成員。契托爾落到穆斯林
手中後，出身王室的拉姆‧辛哈逃到山區，他的子孫之一後來又
到廓爾喀做了沙阿王朝的一名司令，這就是拉納家族的起源。
　　比姆森‧塔帕的所作所為觸怒了英國人，終於在英國人的離
間下倒臺。之後，沙阿王室內部的鬥爭趨於激烈，潘德家族也在

鬥爭中覆滅。在英國人的幫助下，拉納家族開始走向權力中心，家族中許多人都擔任過首相和將軍等要職，忠格·巴哈杜爾·孔瓦爾（拉納的原名）就是在此時進入政界。他憑藉自己的政治膽識和謀略，很快便從王子手下的一個下級軍官升為將軍，進入到權力核心層。

當時，國王拉金德拉（Rajendra Bikram Shah，1816～1847年在位）的長子蘇倫德拉（Surendra Bikram Shah，1847～1881年在位）性情暴戾，行為乖張，經常做出一些恐怖的事情，比如把人綁在大象腿上拖著走，或者把宮女連人帶轎子一同扔進河裡。對蘇倫德拉反感的人越來越多，這使得國王的第二個妻子拉吉亞·拉克希米·德維王后 (Rajya Lakshmi Devi) 覺得有機可乘，她勾結權臣，圖謀廢掉蘇倫德拉，立自己的兒子為王儲，而且通過權謀把國王控制在手中。1845年5月，王后與忠格·巴哈杜爾密謀，殺害了首相馬塔巴爾·辛哈，並把他的屍體從窗外扔出去，用大象拖到巴格馬提河丟掉。宮廷的內爭，終於引發1846年一場著名的王宮庭院大屠殺 (Kot massacre)。

1846年9月14日，已經執掌大權的忠格·巴哈杜爾謀殺了王后的親信加甘·辛哈。消息立刻傳到拉吉亞·拉克希米·德維王后的耳裡。雖然射殺加甘的兇手據說已經抓到並處死了，但王后憤怒欲狂，發誓要把幕後的真兇找出來，並下令清查這件事。同時，王后鑑於王宮內一位有權勢的人物都被這樣輕易地謀殺了，恐怕形勢逆轉於她不利，於是採取了一個倉促的措施：她命令所有酋長和貴族在王宮的庭院裡集合。

　　第二天，即 1846 年 9 月 15 日晚上，首相、總司令、將軍以及其他所有的酋長奉命集合於王宮院內。忠格·巴哈杜爾十分機警，他在前往王宮時帶了他的軍隊，把他們布置在宮廷周圍並指示他們聽候命令行動，以便應付他早已察覺到的緊急情況。果然，王后像被激怒的母獅子一樣開始吼叫起來。她大聲叫喊說，不把謀殺加甘·辛哈的真兇查出來，誰也不許出去。她懷疑比爾·基蘇爾·潘德 (Bir Keshar Pande) 是兇手，便下令把他殺了。當她看到忠格·巴哈杜爾的軍隊時，對他起了疑心。但是機警的忠格·巴哈杜爾卻說，他把軍隊帶來是為了王后的安全，王后這才不做聲。國王想到他自己也可能被人懷疑，便離開王宮到納拉揚西提去找另一重臣——首相法特·忠格·沙阿 （Fateh Jung Shah，1840～1843 任職）。法特·忠格到了王宮庭院後不久，國王便到英國大使館去避難。因為是夜晚，英國公使拒絕接見。國王又返回法特·忠格的住所隱藏起來。此時，忠格·巴哈杜爾看見忠於王后的阿比曼·辛哈 (Abhiman Singh Rana Magar) 的軍隊進入宮廷時，感到事情不妙，便向負責看守的軍官尤達·比爾示意，要他把阿比曼·辛哈殺掉。阿比曼·辛哈被人用刺刀刺死。臨死時，他哭喊著指出，殺害加甘·辛哈的兇手不是別人，正是忠格·巴哈杜爾。與此同時，法特·忠格的兒子卡德加·比克拉姆·沙阿 (Khadga Bikram Shah) 警告喬塔里家族的人要提防忠格·巴哈杜爾，因為他懷疑其為真正的兇手。忠格·巴哈杜爾的兄弟克里希納·巴哈杜爾見此情景便向法特·忠格猛撲過去。卡德加·比克拉姆當即拔劍向克里希納·巴哈杜爾砍去，斬斷了他的右手拇指。

接著，卡德加‧比克拉姆又直撲忠格的另一位兄弟博姆‧巴哈杜爾，但另一個人用劍向他砍去，卡德加‧比克拉姆當場人頭落地。

王宮庭院裡便出現了一個可怕的殘殺場面，他們互相撲殺。法特‧忠格‧沙阿首相以及其他許多重要人物都喪了命。幾分鐘內，三十二位重要的貴族以及一百多個職位稍低的人死亡，王宮庭院血流成河，屍積如山。倖存的人都逃命去了，只有忠格‧巴哈杜爾和他的兄弟們仍然安然無事地留在那裡。就這樣忠格‧巴哈杜爾除掉他所有的對手。王后從窗戶裡面看到了這一切，對忠格‧巴哈杜爾的所作所為感到害怕。這時候她已確信謀殺加甘‧辛哈的真正兇手就是忠格‧巴哈杜爾。儘管如此，她仍然不露聲色，因為她認為，為了自身安全和實現自己的計劃，拉攏忠格‧巴哈杜爾到她這一邊去是個明智的做法，於是便任命他為首相和軍隊的總司令。

接著，王后命令忠格‧巴哈杜爾帶著王儲蘇倫德拉去看這個屠殺的場面。她希望蘇倫德拉看到殺人的可怕景象，便會感到恐懼而放棄他繼承王位的權利。但是，由於在路上忠格‧巴哈杜爾已經告訴王儲說，這對他是一個吉兆，所以屠殺的場景在他的心裡沒有產生什麼作用。實際上，忠格‧巴哈杜爾打算在消滅他的敵人以後，奪去王后的權力，而把缺乏統治才能的蘇倫德拉變為他手中的工具，從而使他自己成為國家的主宰。接著，王后吩咐將屍體交還其親屬，然後便進王宮去了。這時已經接近破曉。

第二天，當忠格‧巴哈杜爾就任首相兼總司令前往覲見國王時，國王見到他便大發雷霆，因為國王正在為這場流血慘劇感到

非常悲痛。他斷然要求忠格‧巴哈杜爾回答他的問題：「是誰下令屠殺這麼多的酋長和貴族？」忠格‧巴哈杜爾當即回答說：「所有這一切都是按照王后的命令行事。」國王為這一回答所激怒，便直接到王后那裡向她提出同一質問，王后回答說：「這還不夠。今後還有陛下瞧的哩！」國王聽到王后的這一回答大為憤怒，立即和另一位大臣薩達爾‧巴瓦尼‧辛哈一起動身前往帕坦。忠格‧巴哈杜爾當即派卡拉比爾‧查特里上尉作為密探跟在他們後面。國王等人做了些什麼不清楚，但當上尉向王后報告後，王后立即下令將巴瓦尼‧辛哈殺死。於是，忠格‧巴哈杜爾派他的兄弟拉諾迪普機智地將國王帶回王宮，王后要忠格‧巴哈杜爾即刻把所有在王宮庭院被殺死以及從那裡逃跑的人的財產統統予以沒收。忠格‧巴哈杜爾立即執行王后的命令，因為這樣他就找到徹底毀滅敵人的機會。接著，他遵照王后的命令將蘇倫德拉及其兄弟烏潘德拉關入監獄。

王后本以為忠格‧巴哈杜爾當權以後，會協助她實現她的目的。可是忠格‧巴哈杜爾對王后要他剝奪蘇倫德拉的繼承權並以其兒子拉南德拉 (Ranendra) 取而代之一事卻不贊成，因此，他對王后的話置若罔聞，而開始鞏固自己的地位和擴大自己的權力。王后不滿他的行為，公開命令他去把蘇倫德拉殺掉。忠格‧巴哈杜爾對命令又置之不理，王后寫信要他立即執行她的命令。忠格‧巴哈杜爾覆信說，王后休想讓他去犯這樣的滔天罪行和做出如此不義的事，同時還警告王后，在迫不得已的情況下，作為首相他是有權根據國家法律，以企圖謀殺王子的罪名將王后本人逮捕治

罪的。

忠格‧巴哈杜爾這種無視王后尊嚴的回答，對於王后來說，無異於火上加油，於是她便策劃殺害忠格。王后的同謀中有不少重臣以及國王本人，他們策劃在御花園宴請忠格‧巴哈杜爾，就在那裡把他除掉。他們指派潘迪特‧維賈亞‧拉吉負責前往邀請他。忠格卻非常機敏，他從維賈亞‧拉吉口中套出全部祕密，然後在他的兄弟們和一些士兵陪同下前往御花園。在路上，忠格命令拉納‧梅哈爾將前來迎接他們的比爾‧德瓦吉殺掉。到了御花園之後，忠格首先命令一切人員放下武器投降。試圖抵抗的人全被殺死，其他的人全被逮捕。忠格隨即召集由酋長、貴族以及其他高官顯宦參加的會議，在這個會上，王后的一切罪行都被揭露出來。經與會者一致同意，擬定了一個驅逐王后的文告，國王和王儲也都不得不在文告上簽字。

這時無權無靠的拉吉亞‧拉克希米王后準備前往貝拿勒斯（Varanasi）朝聖，王后的兒子拉南德拉‧比克拉姆和比倫德拉‧比克拉姆（Bir Bikram Shah，1972～2001 在位）將隨同前往，國王也堅持要一起去。儘管忠格懇求他打消這個念頭，國王還是隨同全家動身前往貝拿勒斯。此後，蘇倫德拉作為國王的攝政者開始執政，一直到 1881 年去世。然而，他只不過是個傀儡，真正的統治者是忠格‧巴哈杜爾。

經過十年的時間鞏固統治秩序後，1856 年忠格‧巴哈杜爾迫使王室頒布詔書，把內政和外交全權交給首相，確認首相職位由孔瓦爾家族（Kunwar family）世襲繼承，授予忠格‧巴哈杜爾西北

山區兩個小土邦的大君（王公）的爵位，並享有世襲權。

　　1858 年，忠格‧巴哈杜爾又迫使已經正式成為國王的蘇倫德拉頒布詔書授予他「拉納」（意為「王子」）的尊稱，並授予他處理國內外一切事務的權力。從此，其家族便正式使用「拉納」的姓氏，王室大權徹底旁落，拉納家族的世襲專制統治由此開始。

　　早在 1849 年，為了爭取英國的支援，忠格就訪問過英國。他在英國逗留了幾天並以他的精明幹練給英國人留下深刻的印象後，又在返回印度途中訪問了法國、亞歷山大城、開羅和其他一些地方，然後回到尼泊爾。

　　在國內，忠格也實行了一系列改革，主要內容如下：首先進行司法改革，廢除舊法，制定新法，取消對罪犯斷手刖足和以巫術迷人為罪名控告婦女的制度；建立新的槍炮修配工廠，此外還開辦了一些新的工業工廠；為了便利交通，修築很多新的道路，對小道路和老路也進行修整；在德萊平原各區委派地主和村長徵收土地稅，並實行新的徵收辦法，必要時他們可得到政府的幫助；制定保護印度教寺廟和佛教殿堂的規定，從中國請來藝匠刷新大梵天大佛塔；要求政府負責對各戶人口出生和死亡進行登記；1865 年進行尼藏路勘測並繪製地圖；撥款一萬盧比，在巴格馬提河修建浴場；使用大量經費修池鑿井；明令禁止用家私作賭注進行賭博；禁止在國外進行宗教捐贈；明文規定，像巴章 (Bajhang)、賈加科特和久木拉 (Kumala) 等邊遠地區的藩王或藩臣只有經過國王批准才能施用嚴刑。

　　如此看來，忠格‧巴哈杜爾‧拉納倒也不完全是只貪求權力

的政治野心家，通過他的所作所為終於鞏固了拉納家族的統治。此後，為維護拉納家族得之不易的統治權力，忠格‧巴哈杜爾和他的繼承者們實行了一整套的內外措施。

首先，為了在拉納家族內部分配權力和職位，忠格‧巴哈杜爾建立按資歷繼承首相職位的原則，並擬定一個拉納家族成員繼承人的名單，規定按名單順序第一號男性成員任首相，第二號擔任軍隊總司令，接下來的四人分別擔任四個軍區的司令官兼最高地方長官。為了控制軍隊，將拉納家族的成員安插到所有軍隊的最高級職位上，並把全國大多數部隊都集中在加德滿都河谷，置於首相的統率之下。為了加強對各級政權的控制，拉納家族加強中央集權，規定各級官員以是否對拉納家族效忠為主要內容實行年度考核；此外，還規定除拉納家族以外任何人不得擁有世襲地產，從而把作為政權基礎的土地牢牢控制在手中。

與此同時，為了使王室失去作用，拉納家族實際上把王室成員囚禁在王宮內，嚴密監視王室成員與外界的接觸，同時鼓勵拉納家族與王室通婚，藉以把兩個家族緊密聯繫起來。

在對外關係上，拉納家族試圖借助英帝國的支援來鞏固自己的統治。為此，尼泊爾的對外政策唯英國馬首是瞻，曾多次出兵幫助英國鎮壓亞洲的民族運動。比如，十九世紀中期，尼泊爾派出十個團幫助英國殖民當局鎮壓印度人民的反英大起義。1901年，拉納家族又派出一支尼泊爾軍隊隨英國鎮壓中國的義和團運動。

廓爾喀人的善戰是非常有名的。其中最著名的一次派兵是

1914 年第一次世界大戰，尼泊爾首相昌德拉・蘇姆謝爾・忠格・巴哈德・拉納 （Chandra Shumsher Jung Bahadur Rana， 1901～1929 年任職）為英國人提供尼泊爾軍隊保衛印度帝國。1914 年 3 月，他派遣一支大約一萬七千人的強大尼泊爾軍隊去幫助英國人。在歐洲幾個戰場上，英軍中的廓爾喀部隊以其作戰英勇而聲威大震，在布拉格、波蘭、美索不達米亞等地的戰鬥都獲得了驚人的戰果，從戰場上敗退對尼泊爾人來說是從未有過的事。那時許多尼泊爾人都獲得維多利亞十字勳章 （The Victoria Cross，為大英國協最高級的軍事勳章），獲得軍功十字勳章 (Military Cross) 的人就更多了。關於尼泊爾人如何勇敢這一點，從德皇威廉二世的一句話中就可以明白，談到尼泊爾軍隊時，他說：

> 「把我心愛的軍隊派去和世界上任何軍隊作戰，我都毫不畏懼，但一聽到廓爾喀軍隊這個名字，就使我心驚膽寒。」

第二次世界大戰中，尼泊爾也曾出兵；英國則總是在拉納政權受到任何國內外的威脅時給予必要的支援作為回報。可以說，在拉納家族統治時期，尼泊爾完全淪為英國的附庸和軍事力量補給地，民族發展無從談起。

同時，英國還控制了尼泊爾的對外關係，對尼泊爾實施嚴格的隔離政策，沒有英國的許可，尼泊爾人不能到外國旅行，任何外國人也不能進入尼泊爾國境。

在社會與經濟上，為了保持穩定和防止人民的覺醒，拉納家

族不惜犧牲經濟發展，使得尼泊爾經濟上長期處於停滯狀態，生產萎縮，物資嚴重短缺，糧食和日用品價格上漲，失業人數增多。另一方面，拉納政權後期行政效率下降，貪污腐敗盛行。由於賜予拉納家族的成員及僕從越來越多土地和森林，政府的財源不斷減少，而政府的開支卻仍不斷增加，入不敷出，難以支撐龐大的官僚機構。同時，拉納首相及其他家族成員卻只顧中飽私囊，全然不顧國家貧窮和國庫空虛。此外，拉納政權採取封閉和愚民政策，阻礙發展現代工業和現代教育，拒絕引進西方的先進技術和教育制度，使得尼泊爾遠遠落後於其他國家。

　　除此之外，拉納家族作為尼泊爾一個多世紀的專制統治者，過著一種普通人難以想像、揮霍無度的腐朽生活。作為一個貧窮國家的統治者，他們卻能過得如此奢華，把整個國家當作私產。

圖 19：拉納家族融合歐洲風格的宮殿

當然，在傳統社會裡，統治者一般都是這樣，只不過拉納家族比絕大多數統治者剝削更甚。

開創家族奢華品味的人也是忠格・巴哈杜爾。他到英國拜訪了維多利亞女王回來後，便帶回「宏偉」的全新定義，在尼泊爾著手修建一座新王宮（後毀於地震），仿效歐洲的建築。王宮的大廳中展示著來自英國、印度和尼泊爾的無數奇珍——從兒童服飾到望遠鏡應有盡有：來自倫敦 30 英尺長的水晶吊燈、一屋子的哈哈鏡、為數眾多的狩獵獎品，還有一座象棚。

忠格・巴哈杜爾的歐洲之行對加德滿都的城市生活影響深遠，拉納家族開始著迷於歐洲的巴洛克風格。比利時的水晶吊燈、巨型的鑲金鏡子和豪華家具，都從歐洲訂購，由汗流浹背的搬運工從高山另一邊運過來。甚至於拉納家族的汽車也是由一個 1948 年訪問尼泊爾的美國鳥類學者狄龍・里普利 (Sidney Dillon Ripley) 帶來。最大的王宮名叫辛哈・杜巴爾 (Singha Durbar)，它一度是南亞最大的王宮，有十七座庭院和一千七百個房間，1901 年奉首相昌德拉・蘇姆謝爾之命修建，為的是安置他日益擴大的家庭。但是他的兒子們並不想和他住在一起，於是蘇姆謝爾把宮殿賣給了政府，而讓政府為他的兒子們重修各自的宮殿。對於這座王宮，一位義大利學者圭塞培・圖奇曾描述道：

「你走過一個又一個大廳，每一個都大得像一個練兵場。到處閃耀著大理石和水晶的光彩，發亮的家具，這一切都使有品味的人感到暈暈乎乎，而且到處都是文官和軍隊的

制服。士兵們向來賓致意，到處是喊號的聲音，就像醫院的候診室。」

　　相反地，尼泊爾民間的生活卻非常困苦：霍亂和天花在人口密集的城市中肆虐，地震經常襲擊谷地，使高大的磚建房屋轟然倒塌。宗教儀式經常採取大規模的供奉，有時甚至是活人祭祀。印度教的殉葬習俗，即在亡夫的葬禮上燒死寡婦的習俗，一直到1926年仍然在上層社會中進行；奴隸制雖然受到限制，但也仍然存在。宗教寬容也並不總是一直實行的，不時地依統治者的喜好而對印度教徒或佛教徒進行迫害。

　　除了奢侈外，拉納家族統治的另一個特徵是他們的多子。忠格‧巴哈杜爾是七兄弟之一，而他自己又撫養了一百多個孩子。他根據孩子們母親的等級和地位來劃分後代的級別：「A級」拉納家族成員，是由地位較高的妻子所生，擁有最大的特權和統治國家的權利；「B級」拉納家族成員，是由地位較低的妻子們所生——她們的婚姻要在孩子出生後才合法，擁有較高的特權，但被排除在繼承譜系之外；數量最多的是「C級」拉納家族成員，他們都是私生子，被限制在地位較低的軍官和文官位置上。由於生活在極度奢華中，拉納家族成員整日無所事事，入則花天酒地，出則僕從如雲。

　　所有這一切，都使尼泊爾如同處在暴風雨的前夜，封閉、落後、貧困、停滯。要麼窒息，要麼便是爆發革命，這是尼泊爾的命運使然。

## 第四節　「永久和平」──走向獨立

在拉納家族長達一百多年的專制統治中，對外勾結英國，對內實行獨裁，以犧牲民族發展和社會進步為代價來維護自身統治，使得尼泊爾的危機日益加深，人們要求變革的呼聲高漲。自 1920 年代以來，尼泊爾開始實行西方式教育，在受教育的尼泊爾人中產生一批持不同政見者。他們人數雖然不多，一時還不足以形成有威脅的反對派力量 ，但是他們與印度國大黨 (Indian National Congress) 有密切聯繫，並得到印度國大黨支援，後來成為推翻拉納家族統治的中堅和領導力量。此外，數以千萬計的廓爾喀士兵在兩次世界大戰中幫助英國人作戰，他們在國外的所見所聞大開了他們的眼界，因而許多人後來也成為同情和支援反拉納政權的分子。所有上述人物逐漸彙集成一股反對派勢力，從 1920 年代開始有組織的反拉納政權活動。

從國際形勢看，1920 年代印度人民在聖雄甘地和印度國大黨的領導下掀起波瀾壯闊的反英獨立鬥爭，這對一些出身尼泊爾中、上層家庭的青年影響巨大。在這種背景下，尼泊爾的反英情緒也高漲起來。

由於尼泊爾人民不斷地進行反英抗爭，也由於英國在南亞遭到有力的抵抗，1923 年英國被迫承認尼泊爾獨立，並與尼泊爾簽訂了《永久和平條約》(*Nepal-Britain Treaty of 1923*)，條約內容如下：

1. 尼泊爾和英國政府之間必須永遠保持和平與友好的關係。
2. 與鄰國的糾紛要用相互合作的辦法來解決。
3. 尼泊爾可以向其他國家購買武器彈藥，但不得把武器彈藥運出尼泊爾國境。
4. 尼泊爾從英國購買和進口供自己使用的貨物可以免稅。
5. 締約國雙方均不得擾亂對方的和平和安全。
6. 本條約在任何情況下均不得影響《蘇高利條約》和兩國締結的其他條約。

至此，尼泊爾獲得獨立主權國家地位。但實際上，英國在尼泊爾還保留多項特權，加之拉納家族仍須英國的支援，所以這種獨立並不完整。

到了二次大戰結束後，英國人撤出印度，使拉納政權突然失去重要的國際支援，拉納家族在人民革命力量的衝擊下更加孤立。民眾覺醒和反抗的浪潮逐漸席捲全國，到 1940 年代末 1950 年代初形成了不可阻擋之勢。1950 年，尼泊爾國內外形勢發生急劇變化，7 月 31 日，英國被迫與尼泊爾簽訂《尼印和平友好條約》(Indo-Nepal Treaty of Peace and Friendship)，放棄在尼泊爾的某些特權，但仍保留招募廓爾喀兵的特權，英國勢力基本上撤出了尼泊爾。與此同時，國王特里布文‧比爾‧比克拉姆‧沙阿 (Tribhuwan Bir Bikram Shah，1911～1955 年在位) 與尼泊爾大會黨 (Nepali Congress) 等政治勢力取得了聯繫，形成一股對抗拉納家族的強大力量，終於拉開了推翻拉納家族統治的帷幕。

　　1950 年 11 月，一直密切關注形勢發展的特里布文國王帶著
全家離開王宮去印度大使館要求避難。國王出走後，首相莫漢·
蘇姆謝爾·忠格·巴哈杜爾（Mohan Shumsher Jung Bahadur，
1948～1951 年任職）竭力要把他帶回來，但是國王的決心堅定不
移。於是莫漢·蘇姆謝爾便宣布國王退位而把國王三歲的孫子賈
南德拉·比爾·比克拉姆·沙阿（Gyanendra Bir Bikram Shah，
1950～1951 年、2001～2008 年在位）立為國王。

　　特里布文國王遭強行廢黜這件事，在國內激起悲憤的浪潮，
全國人民都很激動。這個消息像野火延燒一樣傳遍世界各國的首
都。雖然世界上主要的強國支援拉納政府，但印度斷然拒絕承認
賈南德拉為國王。

　　莫漢·蘇姆謝爾·拉納用盡一切辦法封鎖特里布文去印度的
道路，但在強大的印度政府面前，他卻無能為力。特里布文和他
的家人被印度飛機送到新德里。拉納政府氣急敗壞，對一切忠告
置若罔聞，不分青紅皂白地逮捕他們懷疑的人。

　　這時，尼泊爾大會黨得到發動革命的最好機會。小冊子和傳
單像陣雨一樣從飛機上撒遍整個尼泊爾。11 月 10 日午夜，大會
黨解放武裝力量在提爾·博姆·馬拉和普爾納·辛格率領下，對
伯甘吉 (Birgunj) 發動突襲，並占領該地，地方長官索姆·蘇姆謝
爾被俘。這一次大獲全勝，鼓舞了尼泊爾人民的勇氣，外國報紙
也對此加以讚揚。可是第二天提爾·博姆·馬拉司令陣亡，起義
軍不能繼續前進。儘管如此，伯甘吉還是建立了人民政府。此後，
尼泊爾各縣也相繼建立人民政府。至此，尼泊爾大會黨就做好了

和拉納政府進行公開戰鬥的準備。

接著，11 月 10 日起義軍和伊卡‧拉吉‧蘇姆謝爾將軍指揮下的政府軍在帕瓦尼普爾發生激烈戰鬥，起義軍由於缺乏彈藥，急忙向西退卻。這樣，政府軍奪回伯甘吉，抓走了幾個俘虜。在這次戰鬥中許多無辜的人喪失了生命。

11 月 18 日，大約一萬農民組成的一支龐大隊伍在高爾市場舉行遊行。政府軍把他們驅散了。他們的領袖希瓦‧普拉薩德和其他許多人被殺害。

在西部，起義軍在孔瓦爾‧英德拉吉特醫生指揮下，對拜拉哈瓦發動了猛烈進攻，監獄被砸開，官邸受到襲擊。雖然來自加德滿都的政府軍將孔瓦爾‧英德拉吉特打退，但他並未停止戰鬥。他抵抗《德里協議》(Delhi Accord) 以後發布的停火命令，繼續戰鬥，因而於 1951 年 11 月 18 日被作為反叛首領逮捕入獄。

在此期間，起義軍占領了當一德瓦庫里、賈加科特、木錫科特、凱拉利、坎昌普爾、帕爾帕、廓爾喀，並在這些地方建立人民政府。魯德拉‧蘇姆謝爾被任命為帕爾帕的長官。這樣，除拜拉哈瓦而外，所有西部各縣都處於人民政府的控制之下了。

在東部，起義軍也取得顯著的勝利。政府軍和起義軍之間的一場激戰持續了十二天，政府軍終於被打敗，地方長官無可奈何，只好投降。於是，比臘特納加 (Biratnagar) 也被人民政府控制了。

其後，賈帕、烏代普爾加里、帕蘇帕提納加等地也落到起義軍手裡。同時丹庫塔和博季普爾也建立了人民政府。由於新內閣在首都組成，各條戰線都停火。

　　當谷地外面的抗爭正在進行的時候，加德滿都人民並沒有袖手旁觀。從國王離開尼泊爾那天起，城裡的每一個區域就開始了示威遊行，谷地的二個城市也舉行罷工。人民不願意承認賈南德拉為他們的國王，學校的學生以及其他機關的人員都積極參加示威遊行。

　　另一方面，拉納政府也沒有聽之任之，他們用盡一切辦法來鎮壓鼓動者並在城裡強行宵禁。許多人被武裝士兵打傷。

　　1950 年 12 月 3 日，英國駐印度副高級專員弗蘭克・羅伯茨和聯合國巡迴大使伊斯特・丹甯爵士來到加德滿都考查政治局勢。在這至關重要的一天，一支由成千上萬的人組成的龐大遊行隊伍來到高切爾機場，他們高呼著響徹雲霄的口號支援流亡的特里布文國王。為了驅散激動的人群，士兵們不得不開槍和使用催淚毒氣。在英國和印度的干預下，拉納政權同意到新德里與特里布文國王談判。

　　12 月 13 日，一支龐大的隊伍向中央監獄前進，要去強行釋放政治犯。當他們剛逼近大門，一陣驟雨般的子彈就向他們打了過來。許多人被打傷，其中帕德馬達雅高級中學的學生博甘德拉・曼當場死去，另一名學生德瓦・曼於第二天死去。這一事件在尼泊爾人民中引起很大的騷動，所有的眼睛都注視著新德里談判的結果。

　　拉納家族這時已感到處境尷尬，便派遣克沙爾・蘇姆謝爾將軍 (Kaiser Shumsher Jung Bahadur Rana) 和維賈亞・蘇姆謝爾將軍 (Bijaya Shamsher Jang Bahadur Rana) 作為尼泊爾政府的代表到

新德里與尼赫魯總理（Jawahar Lal Nehru，1950～1954 年任職）舉行談判。在印度的斡旋下，各方達成協定，特里布文國王即將領導一個由他組織的內閣，於是，特里布文國王於 1951 年 2 月 15 日飛回尼泊爾，大會黨的領導人也同他一起回國。2 月 18 日，一個由十名大臣組成的內閣成立了，其中五名代表拉納家族，五名代表大會黨，莫漢‧蘇姆謝爾‧拉納仍任首相。國王特里布文頒布臨時憲法，實行君主立憲制。從此，這一天成了尼泊爾的「國家民主日」，以後每年都要進行遊行、檢閱以及其他慶祝活動，以紀念推翻拉納家族的專制統治。

　　不久，拉納家族企圖奪回失去的權力，引發政府危機，再加之內閣由相互敵對的成員組成而不能發揮作用 ，莫漢‧蘇姆謝爾‧拉納不得不辭去首相職務 ，由尼泊爾大會黨領導人馬特里卡‧普拉薩德‧柯伊拉臘 （Matrika Prasad Koirala ，1951～1952 年、1953～1955 年任職）組織新內閣，統治尼泊爾一百多年的拉納政權徹底結束。尼泊爾的新時代開始了。

第五章 | *Chapter 5*

# 戰後尼泊爾

## 第一節　君主立憲──古國新貌

　　拉納家族的專制統治成為歷史，尼泊爾得以放眼世界，發現它已經在很多方面遠遠落後，需要迎頭趕上。首要的是，尼泊爾要對專制制度進行改革，因為它已經成為尼泊爾進一步發展的最大障礙，這一點在拉納家族統治時就昭然若揭了。

　　政治改革的呼聲在推翻拉納政權之前就存在，而且已經成為一股巨大的潮流。早在二次大戰結束後不久，為了安撫反對力量和維持拉納家族的統治，當時拉納家族中具有開明思想的首相朱達・蘇姆謝爾（Juddha Shumsher Jung Bahadur Rana，1932～1945年任職）決定對現行制度做一些有限的改革，於是便於 1947 年 5 月 16 日宣布組織改革委員會，並於 1948 年 1 月 26 日頒布了《尼泊爾政府法案》（*The Nepal Government Act*），人稱「1948 年拉納憲法」。

　　拉納憲法的根本目的在於給拉納家族的世襲統治披上一件憲政的外衣。憲法第三條規定：「涉及國王陛下王位和首相閣下職位繼承的規定將依法律和慣例而不變，並永遠不可更改。」依照憲法，其他大臣仍然完全在首相的控制之下，其任免、職位分配、薪金、辭退等都由首相決定。這代表在不影響拉納家族世襲統治和絕對權力的前提下，憲法作了一點小小的改革。但即使是這樣微幅的改革也遭到保守派的激烈反對，1948 年 4 月，朱達・蘇姆謝爾・拉納被迫辭去首相職務，這一憲法還未來得及付諸實施便告流產。

　　1951 年，隨著拉納家族統治的結束，改革拉納時期的專制政治體制已經迫在眉睫。1951 年 2 月 18 日，特里布文國王發表具有歷史意義的宣言，宣布將改革長達一個世紀之久的拉納專制政體，「由人民選舉的立法會議制定的民主憲法統治人民」。根據國王的宣言，尼泊爾政府制定並於 1951 年 8 月 6 日頒布了臨時憲法，稱 《尼泊爾臨時政府法》 (*The Interim Government of Nepal Act*)。

　　1951 年臨時憲法，使尼泊爾邁出了建立西方式民主憲政的第一步。臨時憲法第三條規定：「國家將致力於通過建立公正的社會、經濟和政治秩序而促進人民的福利。」管理國家的責任主要在於政治領導人和新的行政人員。臨時憲法第二十二條規定，國家的行政權屬於國王和大臣會議，將由國王依據大臣會議的建議行使行政權。這就把過去拉納家族首相享有的一切權力都歸還給國王和大臣會議，並且更重要的是，憲法開始具有君主立憲的性

質。臨時憲法第三十一條規定高等法院是最高法院，國王和首相都無法推翻它的判決，確立司法獨立於行政的原則。總之，這部憲法具有西方民主三權分立的性質，完全否定了拉納政權的專制本質。

臨時憲法實行了八年之後，馬亨德拉國王於 1959 年 2 月 12 日又頒布了新憲法 (Constitution of the Kingdom of Nepal)。這是尼泊爾歷史上的第一部正式憲法，它規定尼泊爾是一個完全民主的國家，效仿英國的君主立憲制實行兩院制。

新憲法在還政於民選政府的同時，還是保留了王室的決定性作用。新憲法序言宣稱，新憲法的宗旨是：「通過建立反映人民意願的君主制形式的政府確保政治穩定」，國王「依據國家的傳統和習慣行使尊敬的祖先留給我們的最高權力」。因此，新憲法的宗旨是要在尼泊爾建立一個議會制和君主制並行，且以國王為實際政府首腦的政治體制。

憲法第十條和第二十一條規定議會分上下兩院，下院由全國大選產生。憲法第五十一條規定：「議會有權為尼泊爾的和平、秩序和良好治理制定法律」，但是憲法第五十二條又規定國王保留議會在休會期間通過頒布詔書進行立法，一直到議會下次開會後的四十五天後詔書才失效。憲法第四十二條規定未經國王同意，議會的任何法案都不能成為法律，國王可以根據自己的判斷同意、擱置、拒絕或推遲同意議會的法案。憲法第五十六條又規定國王可以根據自己的判斷，在必要時中止或解散議會的兩院或任何一院。這些條款確立了議會和國王的關係與許可權，即議會享有立

法權而國王享有最後決定權，是具有尼泊爾特色的民主制度。

關於行政權，憲法第十二㈡條規定內閣「具有對尼泊爾政府實行總的指導和管理的職責」和「集體向議會眾議院負責」的義務，但是憲法第十㈠條又規定國家的行政權屬於國王，由他直接行使或通過從屬於他的大臣、其他官員行使行政權。憲法第十㈤條規定：「國王按自己判斷所做的決定是最終決定，對其決定不能提出質疑。」第十三㈢和㈤條賦予國王按自己意願任命和解除首相職務的權力，甚至是從議會眾議院以外任命首相的權力。根據上述規定，國王實際上是國家的最高行政首腦。

關於司法權，憲法第五十七條規定建立由一名首席法官和其他法官組成的最高法院，最高法院有權命令下級法院把涉及條款解釋有歧義的案件移交自己處理，但是國王保留任命首席法官或其他法官的權力，並依自己的判斷在發現其有不良行為或不稱職時解除其職務的權力，因而保留了國王對司法體系進行干涉的權力。

此外，憲法還賦予國王臨時處理重大問題、餘留問題、軍事、外交、行政、立法、司法和宣布緊急狀態的廣泛權力。憲法第六十四條規定，國王是武裝部隊最高統帥，他有權招募和保留武裝部隊，委任軍官、任命總司令並確定其權利、義務和報酬。總而言之，1959 年的憲法規定在尼泊爾建立多黨議會民主制，但這種多黨議會民主制又必須建立在國王享有最高權力的基礎之上。這種民主制度離真正意義上的民主還有很大的距離，比之臨時憲法反有倒退。

　　同年 2 至 4 月，尼泊爾舉行了歷史上第一次大選。通過選舉，尼泊爾大會黨在下院獲得七十四個席位，尼泊爾廓爾喀黨獲得十九個席位，尼泊爾統一民主黨獲得五席，尼泊爾共產黨獲得四席。

　　1960 年 12 月 15 日，馬亨德拉國王宣布由於尼泊爾國內局勢陷入混亂，現政府無法控制局勢，因此無限期解散議會和內閣，取締政黨活動，由國王親自主政，為期二十二個月的 1959 年憲法便告終止。馬亨德拉國王宣揚所謂的「氣候－土壤理論」，認為議會民主與這個國家「傳統和精神不符」。接著，在經過為時兩年的探索以後，國王宣布將在尼泊爾創建一種據說是適合尼泊爾國情的無黨派評議會民主制度，以代替多黨議會民主制度。

　　所謂評議會制度，其權威來自建立在資歷和年齡基礎之上尊重社會等級的精神，是一種指導性的民主概念，即假設尼泊爾人民不準備實行自治，國王作為所有政治權威的根源，具有單獨的、最終的決定什麼是對於他的臣民最好的責任，無論是政治上還是在其他方面。這在一個等級分明的社會中是常見的。

　　1962 年 12 月 16 日，國王正式頒布新憲法，新憲法的基本宗旨是為尼泊爾確立在君主制度基礎上的無黨派評議會制度。憲法第三條規定：「尼泊爾是一個獨立、不可分割和享有主權的印度教君主制國家」，正式確定了國家的性質和王室與印度教在國家的地位。

　　新憲法規定無黨派評議會制度是尼泊爾的基本政治制度，同時賦予國王治理國家的最高權力。憲法第二十㈡規定：「國家的主

權屬於國王，所有權力包括行政權、立法權和司法權都源於他。所有上述權力都由他按臣民的利益和願望，並根據沙阿王朝的最高傳統，通過依本憲法和其他現行法律而建立的機構實施。」憲法第八十二㈤規定國王可以通過頒布詔令修改憲法，而其詔令「將構成本憲法不可分割的部分」。憲法第八十一㈠條規定「國王可以依據賦予他的緊急狀態權力，中止本憲法的所有或任何條款或這類條款的任何規定，或親自接管屬於或由全國評議會、其他政府機構或當局行使的所有或任何權力」。

按照新憲法，尼泊爾通過實行類似印度古代評議會制度的無黨派評議會制度，建立人民代表制的立法系統。憲法第八部分第三十至三十三條規定，評議會分四級，即村（鎮）評議會、縣評議會、專區評議會和全國評議會。村（鎮）評議會經直接選舉產生，縣評議會、專區評議會和全國評議會由間接選舉產生。除各級評議會外，還有一種「階級組織」系統，即農民、勞工、婦女、青年、老年和退伍軍人組織，也分四級，其職責是幫助當地評議會動員群眾。

按照新憲法，國王也是國家實際行政首腦。新憲法規定大臣會議為國家的行政機構，相當於內閣。大臣會議設若干部，分管各方面事務。大臣會議以首相為首，首相和大臣均由國王任命，直接向國王負責。

根據新憲法，國王還通過任免最高法院法官而實際享有司法權。新憲法規定，全國司法系統分三級法院，即縣法院、專區法院和最高法院；最高法院由大法官一名和法官六名組成。大法官

由國王直接任命，其他法官由國王諮詢大法官後予以任命。

總而言之，尼泊爾國王是國家元首，是最高統治者。他直接透過王室的各種辦事機構指揮政府、軍隊和各方面的工作，掌握全國的軍政財務大權。國王可以任免政府大臣，宣布緊急狀態，頒布和廢除憲法以及解散大臣會議，具有直接管理政府的權力；國王同時也是武裝部隊的最高統帥。王室設有辦事機構，分設主管政治、軍事、新聞、交際和行政事務等方面的祕書處，直接與大臣會議各部聯繫。王室機構的首席祕書兼任大臣會議祕書。在國王外出時，王室會成立代表會議，在國王出國期間代行國王的職務。

在國王下面設有立法機構和諮詢機構，即全國評議會和國務會議。行政職能由大臣會議（內閣）執行。全國評議會第一次會議於 1963 年 4 月 18 日召開。

1962 年後憲法經過了兩次修改。1967 年 6 月 21 日對憲法的第一次修改取消了專區一級的評議會，而由專區代表大會代替專區評議會協助專區行政長官，並擔任專區行政長官的諮詢機構。1975 年 12 月 12 日對憲法又做了第二次修改，賦予國王更廣泛的權力。評議會制度成了尼泊爾獨具特色的政治產物，後來雖然引起過爭議，但一直沿用多年，證明它在尼泊爾是行之有效的。其運作模式如圖 20。

1960 年代以來對君主制度的加強，不能完全說是尼泊爾民主進程上的反彈或倒退。尼泊爾人根據國情，走出一條屬於自己的道路。因為當時尼泊爾國內局勢不穩定，民眾的民主素養並不高，

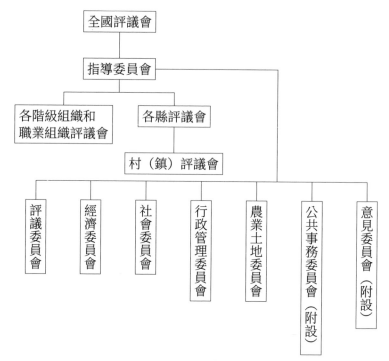

圖 20：全國評議會制度架構圖

大部分地區仍是貧困落後的農村，照搬英國式的君主立憲制時機
還未成熟，尚需一個強而有力的中央政府。更何況，王室一直在
尼泊爾享有崇高的地位，在某些方面具有象徵意義和宗教意義，
這可以從後來的發展中看出來。無論是實行君主制還是君主立憲
制，國王永遠是人們心中尼泊爾王國的代名詞，這遠遠不同於人
們對拉納家族專制統治的憎恨。

　　1972 年 1 月 31 日，新即位的國王比蘭德拉（Birendra Bir
Bikram Shah Dev，1972～2001 年在位）接受記者的採訪，他們的
一段對話也許能說明問題。

問：您能夠想像，尼泊爾會成為像英國那樣的君主立憲制
嗎？

答：我的國家就是一個君主立憲制國家，因為我的政府和
人民都是受一部憲法支配的。在尼泊爾，君主和他的
臣民都是受「德」(dharma) 統治的，這一體系來源於
印度教傳統。國王不能夠改變這一價值體系。因此，
他也是受倫理法規制約的。根據這一法規，國王的存
在只是為了保護人民、實施正義，並且懲罰做錯的人。
的確，國王體現了人民的集體意識，正如他的人民所
希望的，正是他授予並修正憲法。

問：對於人民把您當作神明，您有何感受呢？

答：這根本不是我有何感受的問題。我國存在著習俗和傳
統，這與我們的宗教背景有關。我有責任去保護人民
免遭非正義之害。神明的概念是存在於人民之中。

　　正因為如此，1962 年尼泊爾恢復到君主制後，能夠相對平穩
地運行多年。

　　至 1990 年，隨著尼泊爾的發展，評議會制度已經不合時宜
了，要求進行民主改革的呼聲又起。1990 年 4 月 6 日，大群示威
者在王宮外高喊：「讓評議會制度死去吧！」、「民主萬歲！」他們
遭到警察的嚴厲鎮壓，但民主的步伐勢不可擋。

　　當年 4 月 15 日，最後一位評議會首相肯德拉・巴哈杜爾・
昌德被迫辭去首相職務，比蘭德拉國王宣布解散全國評議會，要

求尼泊爾大會黨主席克里希納‧浦拉薩德‧巴塔里（Krishna Prasad Bhattarai，1990～1991 年、1999～2000 年任職）組織臨時政府，並賦予臨時政府起草新憲法和在一年內舉行多黨選舉的任務。1990 年 11 月 9 日，比蘭德拉國王頒布確保多黨民主和將國家由君主國變為君主立憲國的新憲法。

　　1990 年新憲法的頒布，標誌著尼泊爾開始實行根本的政治變革。新憲法完全以西方和印度的多黨議會民主制憲法為藍本制定，除了保證每個公民的基本權利和保護每個公民的自由等西方憲法的宣言外，新憲法序言還確定了在尼泊爾建立西方式多黨議會民主制的一系列原則：建立鞏固的議會制政府代替過去的君主立憲政府或評議制政府；以立憲君主政體代替過去的君主政體；以多黨制代替過去的無黨制；建立獨立的司法體系代替過去司法權「源於國王」的原則；「以國家的主權屬於人民」和「憲法是國家的根本大法」代替過去國王可以依自己的判斷修改、終止憲法條款的原則；最後，以尼泊爾「是一個多民族、多語言、民主、不可分割、主權獨立、印度教和立憲君主制王國」代替「印度教君主國」的基本性質。

　　總之，1990 年的憲法是一部仿效西方式和印度式的憲法，根據這部憲法將在尼泊爾建立完全西方式和印度式的多黨議會民主制政體。

　　然而，1990 年新憲法頒布後，尼泊爾的社會狀況卻並未好轉，人民的不滿與日俱增。1994 年中期大選，出於對政府無能和腐敗的反感，選民給了共產黨八十八個議席的相對多數，使得尼

泊爾成為世界上第一個共產黨統治的印度教君主國。政治局勢持
續動盪，腐敗頻傳——1994 年，一個統計員發現在政府資金上有
三百萬盧比無法解釋——但是更嚴重的是缺乏政治意願。政治家
們忙於權力鬥爭，絲毫不去考慮尼泊爾迫切需要的是什麼。

　　民主制度固然是好，但它只不過為尼泊爾提供了現代化發展
的先決條件。而如果實施民主的人不能正確、充分地利用民主制
度致力於經濟發展，尼泊爾還是很難擺脫歷史遺留、交通不便、
資源匱乏等原因造成的嚴重貧困問題。

## 第二節　擺脫貧困——經濟發展政策

　　1951 年，長達一百零五年的拉納家族專制統治結束，尼泊爾
從與世隔絕的沉睡中蘇醒，開始了具有現代意義的經濟發展。然
而，正如國際社會所指出的，世界上很少有像尼泊爾發展開始得
那樣遲、自然條件極度惡劣、基礎設施如此之差、交通運輸非常
短缺的國家。

　　1950 年代，尼泊爾是一個落後的經濟地區，是世界上最窮的
十個國家之一，每人平均生產毛額（國民生產毛額 GNP 在 2015
年後改稱為國民所得毛額 GNI）每年約 180 美元。70% 的產品未
貨幣化，仍然依賴以物易物。絕大多數尼泊爾人是自給自足的，
只有衣服、糖、茶、鹽、罐、鍋等極少數的東西他們不能製造。
全國只有 20% 的土地適合耕種，一半以上的人口只擁有不到 7%
的土地，一個六口之家平均只擁有半畝地，經濟基礎可謂差到

極點。

　　除此之外，尼泊爾北部高山峻嶺，中部山丘起伏，南部低窪平坦。建國初期，幾乎沒有溝通這一複雜地理環境的現代化交通工具，在 14.7 萬多平方公里的國土上，僅有約 259.2 公里的碎石路和 358.4 公里只適宜於好天氣通行的道路、80 公里的窄軌鐵路線以及 576 公里的空運線。在通訊方面，全國僅有 107 個電信局和 335 條電話線（以上均為 1956 年數據）。事實上，在廣大山區既無道路也無交通工具，所謂運輸就是靠步行馱運。當時的尼泊爾是南亞最典型的農業國，多達 93.4% 的人口以農業為生計，僅 2.2% 的人口從事以家庭手工業為主的製造加工業，根本無現代工業可言，國計民生維持在最低水準的自給基礎上。文教事業極其落後，1950 年代初，八百萬人口僅有小學 321 所，中學 11 所，學院 2 所。僅 1% 的學齡兒童在校，大學畢業生不到 300 名。醫療衛生事業幾乎不存在，1956 年時才有醫生 50 名，醫院病床位 649 張。上述資料表明，當時尼泊爾發展經濟必需的物質基礎太匱乏了，每個領域的發展幾乎都是從零開始。

　　1950 年代，隨著新獨立的民族國家發展經濟的大潮流，尼泊爾也開始了建設自己國家的努力。綜合來看，尼泊爾主要採取了以下措施：

　　首先，實施五年計劃。為了保障經濟的發展，尼泊爾採取中期經濟計劃手段。從 1955 年「一五」計劃以來，至 2022 年止已實行了十個五年計劃（其中第二個為三年計劃）。政府針對境內地形複雜、基礎設施極端薄弱這一突出的困難，通過制定五年計劃，

把資金優先投放到交通運輸、發電、通訊等方面，其中又以修建
公路網為重點，如頭四個五年計劃期內，花在交通運輸上的資金
占計劃資金的比例依次為 33.8%、23.9%、26.8% 和 35.4%。從
「五五」計劃（1975～1976 年至 1979～1980 年）開始起，政府
將公共投資轉向了農業、文教、衛生醫療以及扶貧工作，其中農
業經費占了國家發展開支的 20% 以上。計劃經濟手段對尼泊爾經
濟發展的作用主要體現在國家資金的配置上，雖然其作用十分有
限，但對經濟發展剛剛起步的尼泊爾卻是必要和有意義的。

其次，注重農村發展。1950 年代初，尼泊爾農業人口占全部
人口的 93.4%，農業產值約占國民生產總值的三分之二，農業是
尼泊爾的經濟之本。種植業又在農業中占 60%，但農業生產既受
到險峻地形、地表支離破碎等自然條件的不利影響，又受到土地
所有權高度集中的嚴重制約，生產能力十分低下。為了改善農業
生產，政府採取了許多措施。主要有： 1.開發新耕地。北部高山
地區和中部山丘地區擴大耕地的潛力極小，但卻有一半以上的人
口居住在中部山丘地區，以務農為生，這是因為南部德萊低窪區
瘧疾肆行，無法居住。1954 年山丘地區突發的山崩和洪水使數以
千計的農民無家可歸，所以政府決定開發德萊地區，隨著
1950～1960 年代公路增加和德萊地區瘧疾受到控制，在政府墾殖
計劃的推動下，自 1960～1980 年初共有五十萬山地農民南下遷
居，開墾了約 1,821 公畝的耕地。 2.進行土地改革。由於拉納家
族的長期專制統治，土地高度集中在少數人手中。1950 年代初，
比爾塔土地（Birta land，指受王室或拉納家族賜封的土地）約占

全部耕地的一半。除此之外，其他的土地占有形式也使權貴、富人、地主擁有大量的土地。又由於尼泊爾地少人多，人均耕地面積在 1960 年代初僅為 0.2 公頃。約有一半的農戶是佃農，地主隨時會解除佃農的租佃關係，且佃農分得的所得不到收成的一半。無疑地，要發展農業必須打破這些落後的土地制度。早在 1950 年代初，尼泊爾就提出了一些土地改革方案，但均停留在口頭和文字上，直到 1964 年頒布土地法令後才開始見諸行動。尼泊爾土改主要包括廢除中間地主制，規定土地最高持有額和保障租佃權及固定地租等等。 3.發起信貸合作社計劃。政府為幫助農民擺脫高利貸債務，組織農民成立信貸合作社，要求各類農民用其收入的一部分（現金或實物）義務儲蓄，年利率 5%，然而再以 10% 的利率貸給農戶。該計劃於 1957 年開始推行。1970 年已經有 1,489 個這類信貸合作社，但是由於實際效率太低，政府不得不將它們轉入尼泊爾農業發展銀行 (Agricultural Development Bank, Nepal)。1976～1977 年，政府再度發起「薩迦斯」（意為合作社）計劃，但此合作社計劃無法存續。 4.實行農產品的價格刺激政策。由政府部門經營農產品市場，政府對大米、小麥的生產者規定最低收購價，對消費者則實行價格補貼制。1985～1988 年的經濟結構調整計劃期間，按市場價格向農民收購糧食，以保護農民的利益。調整化肥的價格使其與印度的化肥價格一致，制止走私以穩定供應，還以一定的價格刺激農民發展灌溉事業。 5.實行鄉村評議會制度。由非黨派的鄉村評議會行使權力，負責農村發展。全國七十五個縣每縣選出一、二名代表組成國家評議會。

第三，實行地區平衡發展計劃。在「三五」計劃期間政府進行大規模的道路建設，力圖逐步把高山地區、山丘地區和德萊平原地區用公路連接起來。「四五」計劃期間由於政府認為地區間的不平衡發展將導致落後地區更落後，於是提出「發展增長軸」的發展策略，所謂「增長軸」是指建設貫通南北的公路線，通過它們把從北至南三個地區的經濟聯繫起來。「五五」計劃期間，政府進而提出發展全面地區的設想，即建立發展中心區，發揮各自的優勢和長處，把各地區的資源、貿易、交通連在一起，協調發展。最後設想按地理條件把北部建成畜牧區、中部建成水果區、南部建成穀物區。此外，在資金配置、技術推廣方面給予落後地區更多的優惠。如在落後地區發展工業，政府放寬許可證的發放和減免 10% 的工廠出廠稅等。

第四，注意發展本國工業。獨立前尼泊爾只有少數的家庭手工業，1951 年才開始發展工業，但困難重重。1960 年尼泊爾與印度簽訂的第二個貿易和過境運輸條約原則上確立尼泊爾可以有自己獨立的經濟政策，並可以對印度進口的某些商品徵收關稅，以保護尼泊爾的國產工業。1961 年，尼泊爾頒布 《工業企業法》(*Industrial Enterprise Law*)，制定刺激發展本國工業的條款，如免徵建廠的土地稅、十年內免徵工廠所得稅，減徵工廠所需的進口原料和機器設備的關稅、產品的出口稅。對出口廠商則另有優惠政策，全部或部分豁免出口稅，還實行出口商外匯資格方案，規定出口廠商可用外匯提供紅利，進口生產所需的商品。這些政策促使尼泊爾的中、東部建立了一批企業。之後政府還成立了尼泊

爾工業發展公司，向企業提供貸款和諮詢服務。1974 年，為進一步加強本國工業，政府再次頒布《工業企業法》，嚴格控制印度資本的流入。該法規定，在能源、金屬、化工以及基本消費品諸領域的大企業（資本額五百萬盧比以上）中，尼泊爾政府必須持有控股權，禁止非尼泊爾人從事小型企業（資本額一百萬盧比以下）和家庭工業，在這個法令的保護下，又有一些企業建立，其中一半是小型工業。

第五，興建交通運輸設施。目前尼泊爾有兩條鐵路，都靠近印度邊界，全長 52 公里。境內公路較發達，1987 年總長 6,306 公里，其中柏油路面 2,794 公里，全國大部分縣已開通汽車。主要的公路幹線都以加德滿都為中心，構成北至邊境小鎮科達里，南到邊防城市比爾干吉，東至工業城市比拉特納加爾，西到中部城市博卡拉的公路網。

近幾十年來，航空交通也發展較快。目前全國建立有大大小小機場四十多個，近三分之二的縣有定期班機，在山區縣城還修建簡易機場，國營尼泊爾皇家航空公司經常運送供水設施、化肥、良種、水泥以及救災物資到偏僻的地區。首都有國際機場，目前，尼泊爾已經同印度、斯里蘭卡、泰國、孟加拉、巴基斯坦、緬甸和中國簽訂了航空協定。

第六，私有化措施。1991 年，隨著政治體制改革，尼泊爾又進行經濟改革，新政府表示要在尼泊爾建立一個「開放的、自由化的、有透明度的私有競爭市場經濟」。改革的中心是儘量使私人資本在經濟中發揮更大的作用，繼續強調除了國防工業外，所有

的工業均向私營開放。1993 年，尼泊爾政府正式頒布以促進私營為導向的新工業政策。新工業政策的措施包括：1.逐漸減少對國內工業的保護以提高競爭力。 2.利用當地勞動力和資源發展對國家有重要意義的產業。 3.發展出口導向產業。 4.發展小型工業、家庭工業和以農業為基礎的產業以增加農村就業。 5.吸引外國投資和引進外國先進技術與管理經驗。 6.提高私營企業在工業發展中的作用。 7.逐漸將公營企業轉讓給私營企業等。為此，新工業政策規定了十多條刺激措施，如對傳統家庭工業不徵收所得稅、貨物稅和銷售稅；對大多數工業給予五至七年的免徵所得稅優惠；出口收入免徵所得稅；在邊遠山區、不發達地區和欠發達地區新建工業將分別減不同等的所得稅等等。

　　第七，爭取外援。長期以來，外援對尼泊爾的經濟發展有著至關重要的作用。第一個五年計劃（1956～1961 年）的資金完全來自於外援，以後逐年減少，到第四個五年計劃 （1970～1975 年）時，外援在公營企業發展開支中所占分額降到 45%。但是，到第七個五年計劃（1985～1990 年）又升至 75%，而到第八個五年計劃（1992～1997 年）則又下降至 65%。根據第九個五年計劃（1997～2002 年）的預算，尼泊爾希望把外國援助降至發展開支的 58%。

　　1990 年代初，因為爭相支援尼泊爾建立君主立憲制度，西方國家和印度都大幅增加對尼泊爾的經濟援助。1991～1992 年度，對尼泊爾的援助達到最高峰，達二百一十一億盧比（約一・七一億美元）。以後逐漸下降，到 1994～1995 年度降至一百二十九億

盧比（約一‧零四億美元），1995～1996 年度才又回升到一百六十五億盧比（約一‧三四億美元）。

尼泊爾外援的另一個特點是從雙邊援助轉向多邊援助。直到第三個五年計劃（1965～1970 年）期間，外援完全是通過雙邊安排提供，分別是由印度、美國、中國和蘇聯提供，後來又加上英國、日本、西德、瑞士等。此後，外援的安排開始多邊化，第七個五年計劃（1985～1990 年）期間已經穩步增長到占尼泊爾外援總額的 62%。多邊援助大多是透過貸款形式，占 90% 以上，主要由國際開發協會 (IDA) 提供，其次由亞洲開發銀行 (ADB) 和其他國際機構提供。隨著 1976 年援尼財團的成立，對尼泊爾的援助已經完全「多邊化」，各援助國和國際金融機構試圖通過多邊機構協調它們對尼泊爾的援助。援尼財團包括澳大利亞、加拿大、法國、德國、日本、瑞士、英國、美國、亞洲開發銀行 (ADB)、國際開發協會 (IDA)、 國際貨幣基金組織 (IMF) 和聯合國開發計劃署 (UNDP) 等。援尼財團在開會時答應在 1996～1997 年度期間向尼泊爾提供為數九‧九三億美元的援助。

隨著尼泊爾政府預算赤字的增大，需要越來越多的外國貸款來彌補赤字。但是，外國貸款不斷增加也增加了尼泊爾的外債額和尼泊爾政府還本付息的負擔，對尼泊爾經濟的作用可以說是一柄雙面刃。

儘管上述措施對尼泊爾的經濟發展確實起到了一定的作用，但並未根本解決它的發展困境，尼泊爾仍然是世界上最低收入國家之一。據聯合國《2020 年人類發展報告》(*Human Development*

*Report*)，尼泊爾按人類發展指數在世界一百八十五個國家和地區中名列第一百四十二位，是世界上四十七個最不發達國家之一。尼泊爾發展經濟面臨的困難和問題有與其他第三世界國家相類似的地方，更有其特殊之處。

第一是險惡的地形。北部喜馬拉雅山區，終年積雪無人居住。中部的山丘地區耕地占 30%，人口占 53%，這裡地形起伏大，農田分布在高度不同的地方，氣候也各不相同，發展農業十分困難。南部的德萊平原耕地占全國的 65%，人口占 53%。就尼泊爾全國而言，真正適合農業的土地僅占國土面積的 20%，是一條從東到西的狹長平原帶。一個以農業為本的國家，卻沒有良好的耕地和氣候條件，而且還有嚴重的交通運輸困難，這不能不說是個致命弱點。

第二是人口的沉重壓力。尼泊爾的人口增長率 1950 年代為 15‰，1960～1970 年代為 21～22‰，1980 年代又提高到 25～26‰，1991 年的出生率則高達 39‰，平均每個育齡婦女生育子女 5.6 個。尼泊爾生產發展跟不上人口增長，致使廣大窮人實際生活水準下降，糧食自給率也下降，失業者越來越多。比如，非農業產業吸納的勞動力從 1964 年的二十四萬增加到 1980 年的五十二萬，但同期農業勞動力卻增加了二百六十萬，農業根本無法完全吸納增加的勞動力，農村失業率高達 40～50%。以農業為生計的農民實際上光靠農業已經養不活自己，賴以維生的一半收入要靠非農業產業，生活極不穩定。

第三是生態環境惡化。尼泊爾以山地為主，地質不穩定且易

變。雨季時滂沱大雨沖下大量沙石，草地過度放牧，樹林亂遭砍伐，這些情況都造成土壤退化和荒蕪。尼泊爾每年的 6～9 月為雨季，從 6 月起降雨增多，雨季逐漸開始，一直持續到 9 月底，雨量豐沛，河流常氾濫成災。尼泊爾南部德萊平原地區往往因強降雨發生特大洪災，造成人員、物資和經濟的損失，對農業生產帶來不利影響。2021 年 6 月，尼泊爾全境持續降雨，多個地區發生洪水和山體滑坡，尼泊爾中部持續大雨引發泥石流。10 月又降下暴雨，尼泊爾全國有 20 個縣受此輪降雨影響較重，至少 20 座房屋和數百公頃等待收割的稻穀被毀。

第四是尼泊爾出口嚴重依賴少數一、兩種商品和有限的幾個市場，使其出口易受需求和消費興趣愛好的變化而波動，成為尼泊爾出口的致命弱點。例如，尼泊爾地毯的主要市場是德國，但近年來對德出口因為德國的地毯市場已飽和、地毯質量下降和人們的風格愛好變化等一系列原因而趨於蕭條。成衣出口也面臨類似的情況。以前曾經出現過的成衣出口急增，是因為印度生產廠家為了躲避美國對印度實行紡織品配額而把成衣生產轉移到尼泊爾所致。隨著美國逐漸調整從印度進口紡織品的配額，印度成衣生產商又開始把成衣生產轉移回印度，於是尼泊爾成衣出口一落千丈。

從主觀上看，尼泊爾經濟發展策略和政策上的抉擇也值得商榷。尼泊爾多年推行地區平衡發展計劃，在地勢險惡的窮鄉僻壤投資交通建設，絕大多數投資者都不願意冒這種風險。有人提出，政府應該先把條件好的地區發展起來，國家通過稅收積累資金，

用這些資金在落後地區發展經濟。還有，尼泊爾農業生產條件如此不利，應該盡可能發展多樣化的經濟，如旅遊業、出口加工業等。最後，尼泊爾許多仁人志士都認為薄弱的公共管理是尼泊爾經濟發展不佳的根本原因之一，他們指出比起純粹資源、資金的不足和經濟政策的不力，許多機構效能不彰對經濟發展不佳負有更大的責任。諸如土改的失敗、合作社的解散等等，莫不由此而起。由此看來，尼泊爾要克服前進中的困難和問題，取得更大的經濟發展，尚需付出艱鉅的努力。

## 第三節　向落後挑戰的社會政策

「十年樹木，百年樹人」，教育是國家進一步發展的支柱，這對於發展中國家尤為重要，它理應成為一個國家社會政策的首要著眼點。特別是像尼泊爾這樣貧困落後的國家，教育意味著未來的發展潛力。所以，為了擺脫貧困，尼泊爾最需要做的是改善教育制度，發展教育事業。

尼泊爾是一個具有悠久文化的國家，但缺少正規教育的傳統，直到馬拉時代都沒有幾所正規教育機構。在 1951 年以前的一個多世紀裡，拉納家族為鞏固自身的專制統治而長期採取愚民政策，直到 1948 年都不承認受教育是人民的基本人權，因此教育事業發展十分緩慢。到 1951 年推翻拉納家族專制統治時，全國大約 85% 的人口是文盲，整個國家僅有高等學院 2 所。

1951 年之後，教育成了尼泊爾發展最顯著的領域。由於政府

　　一直十分重視發展教育事業,特別是 1971 年進行教育改革並頒布
「新教育計劃」後,教育事業有了很大發展。

　　尼泊爾的教育制度分為初等、中等和高等教育三個層次。初
等教育即為小學教育。小學學制五年,規定入學年齡為六歲。中
等教育按性質分為普通中學和中等專科學校兩種。普通中學又分
為初級中學和高級中學兩個層次。初中學制原為三年,後改為四
年。高中學制原為兩年,後改為三年。普通中學有兩種,即一種
是高初中都有的完全中學,另一種是只有初中的初級中學。中等
專科學校的學制較短,著重學習專業課程,主要有農業、工業、
簿記、家政等。

　　尼泊爾政府十分重視普及初等教育,特別是 1971 年實施「新
教育計劃」以後,尼泊爾的小學教育發展很快,學校數目迅速增
加,適齡兒童入學人數也迅速增長。1951 年,全國小學和在校學
生人數分別為 321 所和 8,000 人(占適齡兒童總數的 60%);1981
年,分別增長到 10,340 所和 1,142,900 人,到 1990 年代,據官方
的小學註冊表統計,小學入學人數占適齡兒童的比例達到 80%。
但是,由於入學兒童中途退學的比例很高,因此非官方更為準確
的估計是 , 受小學教育兒童占適齡兒童總數的實際比例僅為
50%。

　　中等教育的發展也很迅速。據估計,1973～1974 年度初級和
高級中學在校學生人數分別為 158,000 和 58,000 人 , 共計
216,000 人 , 到 1981 年 , 初、高級中學在校人數分別增長至
414,665 和 144,331 人,共計 558,996 人,七年內增加了近一‧六

圖 21：在學校上課的尼泊爾兒童

倍。中學入學率由 1965 年的 5% 上升到 1996 年的三分之一。

　　高等教育的發展更是令人矚目。1951 年以前，尼泊爾只有加德滿都的特里錢德學院 (Tri-Chandra College) 和拉吉基亞梵語學院 2 所高等學校，在校學生 250 人。到 1961 年，高等學校發展到 33 所，學生人數增至 5,143 人。1971 年，學生人數進一步增至 17,220 人。1971 年頒布的「新教育計劃」對高等教育體制進行調整以後，全國所有的學院統歸特里布文大學 (Tribhuvan University) 管理。到 1981 年，特里布文大學所屬的學院有 10 所，分院達 100 所，高等學校在校學生人數增至 34,094 人。1996～1997 年度，高等學校註冊在校學生人數增長至約 93,500 人。也就是說，從 1951 年至 1996～1997 年度的 45 年間，尼泊爾

的高等教育機構增加了五十四倍，在校學生人數增加了三百七十三倍。尼泊爾的高等教育學習期限長達八年，分為證書級、文憑級、學位級和研究級四級，每級二年。證書級培養初等水平人才，文憑級培養中等水平人才，學位級培養高級水平人才，研究級培養專門人才。

尼泊爾皇家學院 (Royal Nepal Academy) 成立於 1957 年，不僅是尼泊爾全國最高的科學（包括社會科學和自然科學）機構，而且也是文學藝術工作的最高機構。

由於大力發展教育，尼泊爾的全民文化素質有了顯著提高。1951 年，六歲以上人口的識字率僅為 5%，到 1961 年人口普查時上升到 7%，1971 年再上升到 13.9%，1981 年達到約 20%，到 1992 年時則達到 27%。

前文已經多次提及 1971 年的「新教育計劃」。的確，在尼泊爾發展教育的過程中，「新教育計劃」是一個具有重要意義的文件，它標誌著從此尼泊爾開始有計劃、有步驟發展教育。「新教育計劃」的宗旨是要大力推進教育以適應國家發展的需要，把過去的精英教育轉變為滿足國家人才需要的教育和擴大職業教育，以促進尼泊爾社會的自力更生。根據「新教育計劃」，尼泊爾政府採取各種措施擴大教育機構，開辦學校，增加本土的教師，改革教材內容和教學方法，加強對學生的民族主義和愛國主義教育。在高等教育方面，用擇優錄取代替舊的招生制度。為了使學生能將習得之理論結合實務，還實行了「全國服務計劃」。根據這項計劃，學生須到鄉村地區經過一段時期的實習，熟悉鄉村的各種問題。

為了大力發展基礎教育，尼泊爾政府還規定小學教育為義務教育，國家免費發放教學課本，對失去上學機會的人實行成年掃盲計劃。現在，已達到小學大部分實行免費教育，政府的目標是到二十一世紀達到小學全部免費。

1979 年，由於發生學生民主運動，尼泊爾政府修改 1971 年的「新教育計劃」，政府承認私立學校畢業的學歷，並把私立高等學校也納入特里布文大學管理。

雖然教育有了上述顯著的發展，但仍存在許多不盡人意的問題。尼泊爾教育存在的主要問題是學生流失嚴重；嚴重缺少師資，特別是缺少經過正規培訓的師資；課程安排陳舊，趕不上國家發展需要；教育設施不足，特別是山區和偏遠地區更是嚴重不足；男女之間受教育的權利不平等，例如目前平均 50% 的學齡兒童入學率中，男孩的入學率是 61%，而女孩的入學率僅為 35%。

與教育一樣，為了改變貧困和落後，尼泊爾在其他社會建設方面也採取大規模的措施。這些措施也和教育政策一樣，有成功之處，但更多的是不如人意。接下來就以與人們生活密切相關的醫療衛生為例加以說明。

尼泊爾的醫療衛生基礎十分薄弱。1950 年全國只有一家現代醫院。自從 1956 年開始實行第一個五年計劃以來，政府把醫療衛生納入社會經濟發展目標。1956～1970 年間，第一至第三個五年計劃發展的重點是通過增加醫院和醫院床位來擴大醫療服務。到 1970 年（即第三個五年計劃末），尼泊爾共有 54 家不同規格和水平的醫院、1,875 張病床和 300 名合格醫生。1970～1975 年期間，

發展的重點轉向普及醫療衛生和預防疾病上。在此期間設立醫學院，以培養護理人員和培訓醫務人員，同時把現有的醫院分為三級，即五十到一百張床位的專區醫院、二十五至五十張床位的中等醫院和十五至二十五張床位的小醫院。經過此階段的擴充和調整，到 1978 年底，尼泊爾全國共有 66 家醫院及 7 家外國教會醫院。1980 年代初，尼泊爾政府又實施了一項為期十五年的長遠規劃，目標是普及鄉村的預防和醫療設施。

經過四十多年的努力，尼泊爾的醫療衛生設施有相當的發展。1990 年，全國已經有 111 家醫院、16 個醫療中心、816 家醫療站，4,572 張病床，達到平均約四千人一張病床。基本上每個縣有一家醫院，每個專區有一所中心醫院。醫務人員也隨之增加，1990 年全國有 1,182 名醫生，醫生和人口的比例也提高到平均每二萬人一名醫生。

由於醫療衛生設施的發展、醫療衛生服務的普及，相應的，衛生狀況有了一定的改善，各種流行病和傳染病得到了相當程度的控制。1956 年前，瘧疾、天花、痲瘋病等傳染病肆虐尼泊爾，據估計，尼泊爾全國八百萬人口中就有六百二十萬人飽受瘧疾侵擾。到了 1970 年代，瘧疾已得到有效控制，1975 年尼泊爾宣告已消滅天花，同時痲瘋病的防治也取得了進展。到 1970 年代末，尼泊爾人的平均預期壽命達到四十三歲；1990 年為五十一歲；1997 年為五十三歲。

雖然如此，但尼泊爾在醫療衛生方面還面臨著一系列問題，與國際水準相比還是相當低的，要使國家的醫療衛生條件和人民

的健康水準得到明顯改善，還要持續努力。

　　首先，雖然尼泊爾經過四十多年的發展，醫療衛生設施有一定的改善，但遠遠還未達到可以滿足基本需要的水準，與世界各國相比，是屬於少數幾個最低水準國家之一。根據 1993 年世界銀行的報告，1985～1990 年間，尼泊爾每千人中平均醫院病床數是 0.3，平均醫生數為 0.06，而其分布也不均勻。加德滿都的醫院規模大、設備先進、醫生水準高。相比之下，許多專區不要說縣級醫院，就是專區醫院也設備簡陋。尼泊爾有 60% 的人口生活在交通不便的中部山區，這些地區恰恰是醫療衛生條件特別差和缺醫少藥的地區。

　　尼泊爾廣大地區之所以還缺醫少藥，主要是因為醫療衛生設施和醫務人員增加緩慢。尼泊爾的醫生分高、中、初三級，都是經過西方國家和印度培養，本國的醫學院僅能培養護理人員。此外，為數不多的正規醫生又不願意到交通不便條件艱苦的地區工作，增加邊遠山區醫療缺乏的嚴重性。

　　由於廣大鄉村和邊遠山區缺少現代化醫療衛生設施和合格的醫務人員，這些地區仍普遍依靠土醫郎中和巫師巫婆治病。這些土醫郎中沒有什麼現代醫學知識，只能靠自己採製的草藥土方或對抗療法為人治病，而巫師巫婆則多靠祈禱與符咒驅魔和請求神靈保佑。

　　另外，尼泊爾多數居民的衛生環境很差。尼泊爾大約僅有 10% 的人口可以使用自來水，僅有 1～2% 的人口能夠享有垃圾處理系統。許多住房通風條件差或甚至沒有通風條件、人畜共居。

此外，很多尼泊爾人愚昧落後、缺少衛生知識，許多人即使有衛生服務設施也不知利用。

再者，由於糧食短缺，或因傳統飲食結構中缺少人體必需的某些養分，尼泊爾人普遍營養失調、營養不良、缺少維生素、甲狀腺腫大等等，致使體質弱、抵抗力差、易感染疾病、平均壽命短。而營養失調在嬰、幼兒中更為普遍。

有鑑於此，有識之士建議採取如下措施：大幅度增加對醫療衛生部門的投入；以基礎衛生和預防措施為主；加強免疫，增強營養計劃；通過將教育和飲水計劃與衛生和營養計劃結合起來，使普通群眾也能接觸相關衛生資訊，並把衛生教育納入初級教育和成人教育計劃；迅速增加各級衛生人員，其中特別是農村衛生人員和女性衛生人員，為高層次衛生技術人員提供較好的待遇、較完善的設施和某些合法權利，把他們從城市吸引到農村中來；實施目標明確的食物保障和營養供應計劃，其中特別是側重在貧弱階層中實施這樣的計劃。但是上述措施真正實施起來可謂艱難，起到成效則更是難上加難。

至今在世界上大多數人的眼中，尼泊爾仍然是一個極端貧窮落後的國家。這種印象的形成，和它的經濟發展有很大關係，也和它落後的社會政策有關。儘管尼泊爾政府和人民非常努力，但由於基礎建設薄弱、自然環境不佳，其社會措施沒能使它擺脫落後狀態，相反地，問題之多很難一時解決。所有這一切都表明，尼泊爾儘管有向落後開戰的決心，但還沒能找到一條適合自己的社會政策之路，其發展可以說是任重而道遠。

## 第四節 不結盟運動的倡導者

尼泊爾是一個小國,其外交地位在國際上並不重要,但由於地緣政治的原因,它的外交環境顯得非常微妙。尼泊爾是一個內陸國家,處於中國、印度兩個大國之間,此戰略位置對它的對外關係和外交政策造成特殊的影響。對這樣一個國家來說,其對外戰略目標的首要考量,顯然是維護作為一個獨立政治實體的生存,其次才是促進民族利益。特別是 1970 年代以來,尼泊爾明確宣稱在國際交往中,積極與世界各國在五項原則的基礎上發展和建立友好關係,奉行獨立自主、不結盟與和平共處的外交措施,成為不結盟運動的倡導者之一。

尼泊爾作為處於特殊戰略位置的內陸小國,為了維護國家的生存獨立和促進民族利益,在過去兩個多世紀,尼泊爾總是根據具體的歷史條件,要麼在兩大鄰國間採取中立和平衡姿態,奉行孤立主義;要麼屈從於大國支配的對外戰略,或者同時採用兩種戰略。

尼泊爾的這種外交政策之形成,開始於 1769 年的沙阿王朝。1769 年前,加德滿都河谷的馬拉王國被若干小土邦所包圍,其對外關係的目標在於巧妙地操縱這些經常製造麻煩的土邦,以及保護穿越喜馬拉雅山的商道,整個尼泊爾並沒有明確的對外政策。1769 年,隨著普里特維・納拉揚・沙阿大君統一尼泊爾,它得以首次作為一個統一的王國,把外交視野從喜馬拉雅山脈中部區域

向外延伸，這才有了明確的以保護整個尼泊爾為目標的對外政策。

同時，在沙阿王朝統一尼泊爾時，喜馬拉雅地區的政治局勢也發生了重要變化。此前，克什米爾河谷和喜馬拉雅西部往往是統治印度和中亞兩方勢力相互角逐的舞臺，而喜馬拉雅中部地區則沒有受到外來勢力的干擾，始終保持著獨特的印度教和佛教文化相交融的文明。普里特維‧納拉揚‧沙阿把這種地緣政治形勢比喻為尼泊爾就好似「兩塊大石間的一塊根塊」，他告誡繼承者要在兩大鄰國間採取平衡戰略，必要時利用與一方的關係去對付另一方的影響。沙阿的這一政治遺囑便成了尼泊爾此後的對外戰略指導原則，尼泊爾國家的對外基本戰略就此確立。

其後的兩個世紀中，尼泊爾基本遵循著沙阿的祖訓，在印度和中國之間左右逢源。英國控制尼泊爾之後，它便沒有獨立的外交可言了，基本上追隨著英國的腳步。1950年代，隨著英國勢力逐漸退出尼泊爾，它可以再次獨立考慮外交關係。此時，尼泊爾仍然遵循著沙阿王朝的外交傳統，與印度的「特殊關係」成為對外關係的最優先考量。

1950年代初，尼泊爾國內外的形勢因一系列事件而發生重要變化。首先是中華人民共和國的誕生和不久之後進軍西藏。中國的局勢和恢復對西藏的主權徹底改變喜馬拉雅山地區的戰略形勢，結束尼泊爾長達一個世紀完全受制於印度的局面，使其又擁有戰略平衡的迴旋餘地。但可惜的是，尼泊爾還未來得及利用此有利形勢，它的戰略主動權便被剝奪。印度把西藏作為印度與中國間的「緩衝國」，藉以削弱中國對印度的威脅。於是印度加強對

尼泊爾大會黨的武裝反叛活動和王室等政治反對派的支援，迫使拉納當局交出長達一百多年的統治權，於 1951 年 2 月與尼泊爾大會黨代表以及特里布文國王組成以國王為首的三方聯合政府。印度干涉的結果，使尼泊爾政府中的各方勢力都依賴印度。

　　有鑑於此，1951 年以後的尼泊爾對外政策實際上還是受制於印度。該政策有兩個基本特點：其一是追隨印度以中立和不結盟為指導原則的外交政策，但卻迴避尼泊爾的具體地理條件，並未在中印之間實行中立和不結盟；其二是尼泊爾作為印度的「被保護國」。為了加強對尼泊爾的控制，印度通過一系列條約擴大在尼泊爾的特權。例如，1953 年印度在尼泊爾建立軍事代表團；1954 年雙方簽署《印－尼聯合備忘錄》，規定雙方有協調外交政策的義務；同年，印度又在尼泊爾北部邊界建立哨所；雙方還建立政府高級官員定期磋商制度，其目的是便於印度對尼泊爾的對外政策加強「指導」。

　　所以這一時期，尼泊爾政府在印度的壓力下，不得不繼續採取過去一百多年來拉納政權屈從於大國支配又自我孤立的對外路線，不得不把與外部世界的聯繫小心翼翼地限制在印度能夠接受的程度。例如，早在拉納時期，尼泊爾就與美國、英國建立外交關係，1951 年後雖然這種關係繼續存在，但都有意保持低姿態，以免引起印度的不快。拉納時代美國與尼泊爾就開始談判，簽訂一項經濟援助計劃，1951 年還設立了經濟援助專案，但是直到 1958 年尼泊爾才批准在加德滿都設立美國大使館，就是害怕引起印度的不快。尼泊爾於 1955 年 12 月加入聯合國，但在最初的幾

年中尼泊爾總是小心地利用聯合國這個渠道與外界聯繫，並且在
聯合國大會的投票總是看印度的臉色行事 。 中華人民共和國自
1951 年便多次向尼泊爾做出友好表示，但尼泊爾卻直到 1954 年
中印簽訂交通和通商協定後，才認真考慮與中華人民共和國正式
建交。

　　1956 年，馬亨德拉國王即位一年以後，尼泊爾的對外政策開
始發生微妙變化，它透過強調尼泊爾的不結盟外交政策（在中、
印之間不結盟）和「對印度與中國同等友好」，謹慎地調整與印度
的「特殊關係」，重新採取平衡戰略，提出並積極推行中立和多元
化的政策，以減少印度對尼泊爾的影響。此後，尼泊爾與許多國
家建立外交關係。1958～1966 年期間，美國、蘇聯和中華人民共

圖 22：馬亨德拉國王加冕肖像

和國相繼在加德滿都建立使館。以後，又有許多國家和地區陸續向加德滿都派駐使團。因此，在短短十年之內尼泊爾便從世界上最封閉的國家，變成第三世界的小國中較為開放的國家。在經濟方面，尼泊爾更是積極地通過對外關係多元化的政策，盡可能爭取更多的國家和組織通過援助計劃和貿易參與其經濟發展，以求減少在經濟方面依賴印度提供貨物和物資以及市場的狀況。馬亨德拉國王說，沒有對外經濟關係的多元化，不管怎樣強調自己的獨立性，都沒有真正的獨立自主。

　　1962 年中印發生邊界戰爭，印度戰敗。這為尼泊爾恢復對外關係，特別是對中、印兩大鄰國關係的戰略主動權提供了契機。戰爭爆發前夕，印度政府對馬亨德拉國王施加強大壓力，力圖迫使國王向尼泊爾反對派妥協。馬亨德拉國王在強大壓力下本準備

圖 23：中印為邊境問題時有糾紛　圖為 1960 年周恩來總理於加德滿都回應印度不友善談話的記者招待會，其身後為當時的尼泊爾首相。

做出讓步，但中印邊境戰爭卻已經爆發，而且印度很快敗退，從根本上改變了尼泊爾的外部局勢。中印邊境戰爭後，印度不能北進，就把加強北部邊緣的「安全」體系作為自己的當務之急，主動調整對尼政策，打擊以印度為基地的尼泊爾反對派勢力，迫使其停止在尼泊爾的恐怖活動，並採取措施改善與馬亨德拉國王的關係，保證不再支援以印度為基地的尼泊爾反政府勢力。

在經濟方面，從 1963 年至 1967 年的一段時間，尼泊爾也從印度爭取到若干讓步，其中包括通過印度與第三國的貿易和准許尼泊爾貨物進入印度市場。這使馬亨德拉國王可以推行他的經濟多元化計劃。如果上述措施在 1950 年代末以前尼泊爾受制於印度時提出來，那簡直是天方夜譚。

在軍事領域，尼泊爾也積極從印度手中爭取更多的主權。1969 年，尼泊爾首相基爾提尼迪·比斯塔（Kirti Nidhi Bista，1969～1970 年 4 月、1971 年 4 月～1973 年、1977～1979 年任職）要求印度撤走自 1953 年以來就派駐加德滿都尼泊爾陸軍總部的印度軍事代表團和尼泊爾北部哨所的印度軍事人員。後經雙方討價還價的談判，印度同意撤走軍事代表團和尼泊爾北部邊境的哨所，但改為向印度駐尼使館派駐軍事使團。

與此同時，尼泊爾也謹慎地擴大和加強與中華人民共和國的關係。根據雙邊安排，中國於 1960 年代開始對尼泊爾提供軍事援助。1961 年底，雙方達成協定由中國幫助尼泊爾修建從加德滿都至中尼邊境的公路，即著名的阿尼哥公路。

馬亨德拉國王調整尼泊爾對外政策的這些舉措引起印度的不

滿。印度透過支援以印度領土為基地的尼泊爾反對派勢力，使其蠢蠢欲動，威脅著尼泊爾的安全，從而向馬亨德拉國王施加政治壓力。與此同時，在 1970 年雙方為期十年的貿易和過境條約到期時，印度藉口拒絕續簽新條約，以此向尼泊爾施加經濟壓力，使尼泊爾在經濟上蒙受很大損失。印度的態度表明了尼泊爾開拓外交仍舊困難重重。

1971 年比蘭德拉國王即位時，正值第三次印巴戰爭結束和巴基斯坦投降，印度在南亞建立起霸權地位。不久，印度又兼併錫金。這更增加了包括尼泊爾在內的周邊國家對印度的猜忌。在此情況下，比蘭德拉國王更積極地推行其父馬亨德拉國王的中立和多元化外交政策。他登基不久便發表聲明，對尼泊爾作為南亞國家的身分提出質疑。不久，比蘭德拉國王又先後在 1973 年的不結盟國家首腦阿爾及爾會議、1975 年 2 月 25 日他的加冕典禮上提出使尼泊爾成為和平區的建議，主要內容包括：尼泊爾不加入軍事聯盟；不允許別國在尼建立軍事基地；不允許從尼國土上對別國採取敵對行動等。這些舉措意在為尼泊爾謀求中立地位和更多的外交自主權。特別是，如果尼泊爾和平區的建議得以實現，那麼按照邏輯，1950 年的《尼印和平友好條約》和 1965 年有關軍事裝備的協定便應中止或作重大修改。但是，至今雖然已有一百一十五個國家在尼泊爾和平區的文件上簽名，印度卻以和平區應包括整個南亞、甚至整個亞洲和全世界為由，間接否定尼泊爾的建議。如果沒有印度的首肯，尼泊爾和平區的建議文件實際上是一紙空文。

　　另一方面，比蘭德拉國王繼續發展與中華人民共和國的關係。
1974 年，尼政府利用滯留尼泊爾北部邊境的西藏武裝分子內部發
生矛盾之機，一舉拿下幾個據點，這既解除尼泊爾安全的一個長
期隱患，又有利於中國一側的邊境安寧。1976 年，比蘭德拉國王
和王后還訪問西藏和四川兩個與尼泊爾相鄰的省分。

　　比蘭德拉國王的政策自然讓印度很不高興，印度再次利用經
濟手段向尼泊爾政府施壓。1976 年，當兩國簽訂的貿易和過境條
約到期以後，印度又一次找藉口推遲續簽條約，直到 1978 年人民
黨政府上臺以後，印度才與尼泊爾續約，尼印關係得到改善。
1980 年代中期，印度武裝干涉斯里蘭卡的教派衝突和派兵鎮壓馬
爾地夫的未遂政變，這又引起尼泊爾和其他南亞國家對印度地區
霸權的恐慌，尼泊爾與印度的關係再度惡化。1989 年 3 月印度又
一次藉口拒絕續簽到期的貿易和過境條約，並幾乎關閉所有邊境
貿易點，給尼泊爾經濟造成更大損失。

　　進入 1990 年代，尼泊爾國內外的戰略形勢都發生了根本變
化。首先是國內政治體制的變化，君主立憲制取代了君主制，這
得到世界上許多國家的支援，外部的外交環境十分有利；其次是
冷戰結束，南亞地區兩大陣營的戰略格局不復存在，中印關係實
現正常化。這就給尼泊爾貫徹中立、不結盟和多元化外交策略創
造了較為寬鬆的環境。1995 年，印度首次向尼泊爾共產黨政府承
諾重新審查 1950 年的《尼印和平友好條約》。尼泊爾繼續推進中
立和不結盟的對外路線，雖然 1991 年 5 月親印的尼泊爾大會黨
上臺執政後曾表示將奉行「親印而不反華」的政策，並一度削減

對華貿易，表現出向印度傾斜的傾向，但是後來的共產黨政府、聯合政府等卻從國家利益出發，修正尼泊爾大會黨政府的傾印路線，盡力在中印之間推行「等距離外交」。

　　無論從哪一個角度來看，尼泊爾奉行不結盟運動的政策都是明智的，它可以保證在夾縫中求生存的尼泊爾不淪為周邊任何一個大國的附庸。實際上，由於歷史、文化、宗教、地理上千絲萬縷的聯繫，尼泊爾又不可避免地總是與印度糾葛在一起。當歷史行進到二十一世紀之時，隨著印度在南亞勢力的再次加強，實行中立政策已久的尼泊爾國內反印度情緒高漲，這種情緒導致了一場舉世震驚的慘案發生。

# 第六章 | *Chapter 6*

# 從王國到共和國

## 第一節　血濺王宮——王國何去何從？

　　尼泊爾是個小國，無論是從它本身的地理、自然環境來說，還是從它的發展狀況、國際影響來看。世界上絕大多數人很少或幾乎從不關注這個國家。然而，當二十一世紀剛剛來臨時，這個小小的雪山王國卻震驚了整個世界，讓所有人為之扼腕，讓人們情不自禁地想起莎士比亞著名悲劇《哈姆雷特》中挪威王子福丁布拉斯的一段臺詞：

> 好一場驚心動魄的屠殺！啊，驕傲的死神！你用這樣殘忍的手腕，一下子殺死了這許多王裔貴胄，在你的永久的幽窟裡，將要有一席多麼豐美的盛宴。❶

---

❶　《哈姆雷特》第五幕第二場。

圖 24：比蘭德拉國王夫婦

　　是的，幾百年前丹麥王宮發生的一幕搬到了尼泊爾，沙阿王室慘
遭滅門之禍，比蘭德拉國王一家全部罹難，而行兇的竟然是他的
親生兒子——王儲迪彭德拉（Dipendra Bir Bikram Shah Dev，
2001 年 6 月 1 日～6 月 4 日在位）！

　　迪彭德拉王子 1971 年 6 月 27 日出生，1972 年被宣布為王位
繼承人。他曾在英國伊頓公學接受教育，並獲得尼泊爾特里布文
大學文學學士和地理學碩士學位。完成學業後，他在尼泊爾皇家
軍事學院接受訓練，並像其父一樣考取直升機駕駛執照。他愛好
廣泛，其中包括駕駛直升機、游泳、音樂、演奏電子琴和吉他以
及詩歌朗誦。正是這位不到三十歲的青年王子成了尼泊爾王宮血
案的關鍵人物。

　　兇案發生在 2001 年 6 月 1 日。那一天，與往常一樣，比蘭德

拉國王在王宮花園旁的起居室兼撞球室舉行每週五的例行晚宴，當天的來賓包括王室成員與他們的密友約二十多人。聚會一開始氣氛愉快，王儲迪彭德拉在吧臺幫其他人調酒，自己也喝了不少。也許是喝多了，迪彭德拉和其中一位來賓發生一些「失禮行為」，比蘭德拉國王堅持要已有三分醉的迪彭德拉離開，王儲就在兩位表兄弟的護送下回自己的房間。此時，國王對於王儲在賓客前失態相當不高興，就和王后艾什瓦爾雅 (Aishwarya Rajya Lakshmi Devi Shah) 離開大廳，到隔壁房間休息。

大約半小時後，王儲出現在樓梯上，一言不發地揮舞著兩支槍，賓客全都嚇呆了。他打開隔壁房間的門，走進房間舉槍瞄準父王。一開始，他對著屋頂開了兩槍。幾秒鐘後，他再次扣下扳機，比蘭德拉國王應聲倒在血泊中。

大廳中的賓客開始驚聲尖叫，幾個人躲在沙發後面，還有人拔腿逃跑。王儲走到大廳後又接連開槍，五位王室成員中槍倒地，還有人在地上哀號。王儲接著走到大廳後的花園，他的弟弟尼拉詹王子 (Nirajan Bir Bikram Shah Dev) 和母后跟在他身後。尼拉詹對王儲大喊：「請你別這樣。你要殺就殺我好了！」王儲照做了。他的母后想要阻止他，成了下一個犧牲者，和尼拉詹一起倒在花園裡。

王儲轉過身，此時他的叔叔迪仁德拉親王站出來面對槍口說：「你鬧夠了吧，把槍交給我。」幾秒鐘後，迪仁德拉親王中彈倒地，三天後傷重不治。迪仁德拉親王受傷後，兩位王室女眷跑過來攙扶他，相繼遭到王儲毒手，幸好都沒有傷到要害。此時，大

廳中最重要的人物就屬國王的弟弟賈南德拉親王的獨子帕拉斯王子 (Paras Bir Bikram Shah Dev)。據目擊者說，帕拉斯向王儲求饒，他對王儲動之以情：「我們是從小一起長大的。」王儲神志恍惚了幾秒，放過帕拉斯。

接著王儲再次走出大廳，走到距離母親屍體約十多公尺的草地上。不久，又是一聲槍響震驚王宮，迪彭德拉王儲也倒在草地上。

王室成員被衛兵送往尼泊爾皇家陸軍醫院，但大部分不治而亡。死亡者還包括什茹迪公主（Shruti Rajya Lakshmi Devi Shah，二十四歲，已婚，並生有兩個女兒）以及國王的表妹賈揚蒂 (Jayanti Rajya Lakshmi Devi) 公主。

槍擊事件發生之後，不知什麼原因，政府一直保持沉默。在槍殺事件發生十五小時後，尼泊爾國家電臺才發表官方聲明說，鑑於國王突然去世，王儲被任命為新國王，但是「鑑於新國王情況嚴重，正在醫院加護病房接受治療，不能統治，已故國王比蘭德拉的大弟弟賈南德拉已經被任命為攝政王」。幾天之後，王儲被宣布腦死。

賈南德拉此時五十三歲，是已故馬亨德拉國王的次子。他一直熱衷於環境問題，自 1997 年以來一直是世界自然保護基金會國際委員。他還是尼泊爾馬亨德拉國王自然保護基金會主席。他經常用「G. 沙阿」的筆名創作詩歌。

據報導，賈南德拉先後在印度和尼泊爾接受高等教育。1970年 5 月，他同已故艾什瓦爾雅王后的妹妹科瑪爾公主 (Komal

Rajya Lakshmi Devi Shah) 結婚，生有一子一女。賈南德拉自 1977 年以來一直是尼泊爾國務會議成員。國務會議是一個諮詢機構，在國王退位或逝世後，宣布王位繼承或攝政等事宜。他的妻子和妹妹也在槍擊事件中受傷，所幸的是經搶救而脫離危險。

在尼泊爾，印度教徒必須在去世後二十四小時內火葬。當地時間 2 日下午四時整，尼泊爾在加德滿都巴舒巴蒂廟附近的巴格馬提河岸為不幸去世的尼泊爾國王比蘭德拉和王后等人舉行了葬禮。當天被尼泊爾王宮顧問委員會任命為尼泊爾攝政王的賈南德拉、尼泊爾首相柯伊拉臘和其他內閣成員參加了葬禮。

走在送行隊伍中的尼泊爾政府首相柯伊拉臘說：「這對我來說是非常痛苦的時刻。我現在的情況不適宜講話。這是這個國家的巨大損失。」他後來在國家電視臺和電臺中發表聲明：「當我得知這個消息時，我和所有尼泊爾人一樣感到遺憾。」

十八名婆羅門青年抬著用鮮花妝點的比蘭德拉靈床來到火葬場，王后艾什瓦爾雅的遺體則按照印度教的習俗，放在一頂華貴的轎子裡運往火葬場。在通往火葬場道路的兩旁和兩側的圍牆及房頂上都擠滿了為國王和王后等送行的人群。德高望重的印度教祭司為比蘭德拉國王及王后的遺體點燃聖火。比蘭德拉國王的次子、女兒和表妹的火葬儀式也在同一地方舉行。

當地電臺和電視暫停節目播出，從早到晚播放的幾乎都是令人心碎的哀樂和尼泊爾人民自發舉行的悼念儀式。加德滿都的大街小巷和王宮的周圍到處聚集著人群。人們紛紛議論著有關國王和王后慘遭殺害的駭人新聞，一位名叫夏馬爾的年輕人對記者說：

「我聽到這一消息時，簡直嚇呆了。我怎麼也不敢相信這是真的。」另一位名叫施雷斯的老人非常沉痛地說：「我怎麼也不能相信，王儲怎麼會親手把國王和王后殺死呢？國王是多麼好的人啊！他深受全體尼泊爾人民的愛戴。」他補充道：「如今，我們失去了尊敬的國王，就好像成了孤兒一樣。」

國際社會也對尼泊爾王宮慘案表示震驚。在 1 日晚間尼泊爾發生王儲槍殺國王、王后以及其他十多名王室成員後開槍自殺的悲劇後，一些國家的元首和政府首腦紛紛向尼泊爾王室表示哀悼。印度政府於當日向尼泊爾政府發去唁電，並宣布印度全國為比蘭德拉國王和王后不幸去世哀悼三日。印度外長賈斯萬特‧辛格在當天的演說中提到，「作為尼泊爾的近鄰和朋友」，印度將與尼泊爾共同舉喪。另據印度報業托拉斯報導，印度和尼泊爾之間的部分邊界 2 日關閉。斯里蘭卡政府在表示哀悼的同時宣布，推遲原定於下週在科倫坡舉行的南亞區域合作聯盟 (South Asian Association for Regional Cooperation) 常務委員會會議，以表示對比蘭德拉國王和艾什瓦爾雅王后的敬意，因為比蘭德拉國王是這個區域性組織的創建人之一。英國白金漢宮發言人 2 日說，伊麗莎白女王和查爾斯王子聞訊後感到「十分震驚和悲慟」。首相布萊爾也在當天稱這一事件是「可怕的悲劇」，他向尼泊爾人民表示深切同情。泰國總理他信當天致電尼泊爾以表哀悼。他信在唁電中說：「這是一個震驚世界的事件」，泰國政府將會派遣代表參加葬禮。日本首相小泉純一郎、澳大利亞總督迪恩和夫人、總理霍華德 2 日對尼泊爾國王比蘭德拉、王后艾什瓦爾雅以及其他王室成

員被殺身亡表示震驚和悲痛。

哀痛之後，人們不禁要問，究竟是什麼原因促使王子做出如此瘋狂的舉動呢？原來王儲想娶尼泊爾前外交和財政部長帕舒帕蒂‧沙姆謝爾‧拉納 (Pashupati Shamsher Jang Bahadur Rana) 之女為妻，並私下按照印度教儀式在一座寺廟裡結了婚，但母親不同意。

這位被捲入政治漩渦中的姑娘名叫德維亞尼‧拉納 (Devyani Rana)，與印度方面有著很深的淵源。拉納的母親是來自印度中部邦省的一位皇室成員，嫁給了擔任尼泊爾前外交和財政部長拉納的父親，而拉納的叔叔名叫辛迪亞，是印度主要反對黨的領袖，而她的一位姨媽也是印度瓦傑帕伊政府的一名部長。並且，拉納本人小時候也是在一所封閉的印度寄宿學校上學，並從德里大學經濟學系畢業。

按照尼泊爾的傳統，沙阿王朝的王室成員，包括國王比蘭德拉和他的兩個兄弟在內，都會從拉納一族中挑選配偶，以保證政治上的平衡和穩定。因此，二十九歲的迪彭德拉同二十歲的拉納結合可以說是順理成章，雖然據說拉納最初不願意嫁給迪彭德拉，然而他們最後也的確墜入愛河，兩人經常到加德滿都皇宮附近的必勝客共進浪漫的晚餐。

然而拉納家族的印度背景卻成為雙方最終結合的阻礙，長期以來，尼泊爾與印度之間衝突不斷，當時在尼泊爾國內反印度的情緒更是十分高漲，王室最不願意做的事情，就是迎娶一位有印度血統的王后。

　　慘案發生後，整個尼泊爾都陷入悲痛之中。熱愛國王的民眾衝上街頭，失聲痛哭。全國各地一片混亂，許多人將憤怒之火發向政府。在這種憤怒、悲痛和混亂中，德維亞尼‧拉納——這位許多人眼中的「紅顏禍水」不得不於 6 月 2 日離開加德滿都，搭飛機來到新德里，躲避人們憤怒的火焰。

　　關於王儲為情殺人的說法，最先由尼泊爾內政部長發出，但是他又留下了「尾巴」，稱事情還有待進一步調查。於是謠言四起，有人說是走火造成的，迪彭德拉並非兇手；有人認為血案另有兇手；有人認為是王儲酒後行兇；更多的人猜測可能係尼泊爾政府所為。

　　葬禮結束後，在首相柯伊拉臘官邸附近，大約一千名尼泊爾人自發湧至首相府，他們向警察投擲石塊，並高喊著反對柯伊拉臘的口號。其中一些青年，情緒幾乎失控，這些憤怒的青年一方面將血案歸咎於政府，另一方面則大喊口號，要求柯伊拉臘下臺。尼泊爾政府直到 6 月 2 日下午才對這一起王室血案發表正式聲明，這一遲來的做法也引起王室支持者們的強烈不滿和憤怒，之後開始演變成示威和抗議。尼泊爾人開始高喊反政府口號，要求政府必須對此事負責。一些尼泊爾人說，尼泊爾首相柯伊拉臘因捲入貪污醜聞正面臨調查，而政府炮製這一事件則可以大大緩解來自政治反對派的壓力，轉移尼泊爾公眾的視線。

　　而尼泊爾攝政王賈南德拉則於 6 月 3 日通過尼泊爾媒體說，王室的屠殺慘案是一場意外事件，完全是因為槍枝走火造成的意外。但是他沒有提到一個重要問題，即當時槍到底在誰的手中？

為什麼會走火？根據分析，走火似乎難以說通，因為不可能「走火」得如此準確，將十多人打死打傷。那麼，攝政王為什麼非要說是槍走火呢？這不得不讓人懷疑。更何況，不久之後，隨著王儲正式死亡，攝政王理所當然地繼承了王位。

為了獲取王位而手足相殘在歷史上並不鮮見。更值得一提的是，比蘭德拉一家全部被殺，包括他的兩個兒子和一個女兒以及其他直系親屬，幾乎一個不剩，算得上真正的「滅門慘案」。因此，如果兇手並非迪彭德拉，那麼除了政府，尼泊爾人也在暗中開始懷疑新國王，只是人們並沒有將他們的懷疑全部講出來。

另一疑點是，一度被稱為是屠殺兇手的王儲是背後中槍的，顯示屠殺事件的確另有真兇。由於王儲地位尊貴，即使王宮守衛為了制止他，也不敢從背後向他開出多槍。《印度快報》稱，一些新德里高級官員也對早前有關王儲為與愛人結婚而起殺機的說法存疑，並強烈暗示屠殺可能與現任國王賈南德拉有關。

此外，事發時所有王室成員都在聚餐，唯獨王弟賈南德拉「恰巧」到了博卡拉度假，而賈南德拉的兒子帕拉斯事發時雖在場，但卻奇蹟般地逃脫而沒有受傷。

於是，大街小巷充斥著各種傳言，鬧得尼泊爾民眾人心惶惶。不少市民聚在報攤前，討論有關屠殺案的傳言。不少人仍表示難以接受新國王，一名學生說：「我們不想示威和暴亂，我們只想知道事件的真相。」

6月4日傍晚，加德滿都的居民聽說，當地的自來水系統被「投毒」，於是很多居民開始對家中流出的水感到恐懼，擔心喝了

水後會中毒。由於加德滿都已經實行宵禁，人們不能出去買水喝，所以很多人寧願渴著也不願「被毒死」。直到 5 日早晨，尼泊爾飲水供應公司的主席巴塔萊才來到當地電臺闢謠。具有諷刺意味的是，就在巴塔萊在電臺上闢謠之時，又有傳言稱尼泊爾奶製品公司提供的袋裝牛奶裡被摻入「不能使用的物質」。尼泊爾奶製品公司的主席沙爾馬不得不站出來在尼泊爾電臺上澄清事實。

尼泊爾王室槍擊事件也給尼泊爾旅遊業帶來沉重的打擊。各國旅客紛紛登上駛往機場的公共汽車，希望離開這個是非之地。但是，由於尼泊爾皇家航空公司取消部分航班，直到第二天還是有多名外國人未能及時離開加德滿都。

在混亂的情況下，6 月 4 日，加德滿都實行宵禁。6 月 5 日中午，當局為防止再次騷亂，在首都實行十二小時宵禁。新國王順應民意，於 6 月 5 日宣布由最高法院首席法官、主要反對黨領袖及國會發言人成立三人委員會，調查皇室屠殺案。

根據尼泊爾憲法，政府部門、任何機構或個人都不得對王室成員的行為提出質疑。賈南德拉國王此次成立調查委員會調查王室槍擊事件，開啟非王室成員干涉王室事務的先例。尼泊爾執政黨——大會黨議會黨團領袖巴特拉伊說：「在動盪的局勢中，國王如此迅速地做出決策令人感到欣慰。這樣做有助於建立民眾對國家的信心。」調查委員會決定首先從遇難王室成員的醫療紀錄入手，委員會成員有權對其他王室成員進行問訊。

尼泊爾官員說，調查委員會質詢的人員主要是事發當天同迪彭德拉通過電話的人以及槍擊事件的現場目擊者。大約十人致電

王儲，十多人接到王儲的電話。委員會在調查中了解他們與王儲電話交談的內容。一名官員說，調查主要是要查清楚發生了什麼，而不是追查為什麼會發生悲劇。調查委員會通過德維亞尼‧拉納的父親向她轉交一封信，希望她回國接受調查，但沒有得到拉納的明確答覆，她本人也沒有按時出現在調查人員面前。

不過，調查工作卻未能如期展開，原因是共產黨領袖庫馬而拒絕參與，他說，根據憲法應由首相而非國王下令成立委員會，因而不肯出席。分析家認為他只是找藉口迴避，因為國民對調查結果不一定滿意，為明哲保身，拒絕參與是最佳選擇。

截至 6 月 10 日，調查工作仍未能在規定期限內完成，因此，原定 11 日公布有關尼泊爾王宮槍擊案的調查結果將推遲公布。賈南德拉國王表示接受推遲的請求。

據調查委員會透露，他們在幾天的調查中與四名受傷的槍擊案目擊證人進行了接觸。這四人都是案發當天參加皇宮晚宴的皇親，其中包括賈南德拉的妻子和他的妹妹。調查委員會負責人稱，到目前為止，他們已經掌握了所需的大量材料，但慎重起見，還必須花一些時間收集資料，完善調查結論。

與此同時，《華盛頓郵報》報導，一位目擊者說，王儲是用一支衝鋒槍和一支 M-16 步槍行兇的。他透過房門「見國王滿面驚訝」。迪彭德拉在射殺父親後，向大廳裡的其他親屬瘋狂掃射。現場所有人都嚇呆了，不管是坐著還是站著，都任由子彈掃射，然後倒地。迪彭德拉一度控制不住手中的槍，槍口向上掃射，打得天花板的碎屑掉在地毯上。出事當晚沒有談到王儲的婚事，也沒

聽到迪彭德拉與父母爭吵，開槍前沒有絲毫不對勁的跡象。那親戚說：「他為什麼這樣做，我們可能永遠不會知道，但事情就是這樣發生的。這本是個如常的週五晚上，但事情一下子瘋了。」

　　這類報導毫無疑問對尼泊爾的穩定不利。為此，尼泊爾王室警告所有王室成員不得擅自在公開場合透露王室慘案的情況，此前一名王室親屬因為在新聞發布會上公開描述他在事發當晚看到的情景而可能受到處罰。

　　有關官員表示，這一事件的目擊證人只能向調查人員描述他們看到的情況，尼泊爾國內發行量最大的《加德滿都郵報》表示，政府官員要求目擊者在有關王室慘案的問題上「保持沉默」，尼泊爾支援和反對迪彭德拉的民眾之間矛盾更加激烈。同時，尼泊爾反對黨成員、左翼人民聯合陣線的祕書長利拉·尼·波克雷爾指責尼泊爾政府試圖掩蓋慘案真相。他在接受採訪時表示：「雖然許多媒體以及目擊證人都這麼說，但我不相信迪彭德拉就是兇手，我認為這種說法背後是一個陰謀。」一位尼泊爾商人拉姆·阿瓦勒表示，有關王室慘案的報導已經非常令人迷惑了，現在這些證人和王室親屬的證詞更加令人如墜霧中，無法分辨出真假。他說：「我一度認定迪彭德拉王儲就是殺人兇手，但現在我卻不這麼認為，我想如此多的證人指證他，很可能是因為王儲已經去世，讓他當代罪羔羊罷了。」

　　不過，尼泊爾首都加德滿都地區倒是平靜了下來。實行幾天的宵禁已經取消了，銀行、商店都開始正常營業，社會秩序趨於正常。只是每天仍有大批民眾到王宮外弔唁遇難的王室成員，他

們正急切地等著王宮槍擊案真相的調查結果。

6月14日，尼泊爾王宮槍擊事件調查委員會經過七天調查，於14日晚間正式公布調查結果。

據調查，晚餐期間，爛醉的迪彭德拉被四名王室親戚攙扶到他自己的房間。在房間內，迪彭德拉用行動電話和他的女友德維亞尼·拉納通話。幾分鐘後，拉納給迪彭德拉的幾個隨從打電話，告訴他們王儲說話語無倫次。「他可能生病了」，拉納說。隨從接到拉納的電話後，進入迪彭德拉的房間，發現他醉倒在地板上，就把他扶到床上。這時候，迪彭德拉大聲叫他們離開。之後，又與拉納通了兩次電話。

調查委員會的負責人、下院議長拉納巴特說，開槍前，迪彭德拉吸食摻有鴉片的香菸，他吸食這種香菸已經有一年了。該委員會對王宮現場、目擊者、有關醫務人員和血案的槍枝及子彈等進行詳細的調查與驗證，最終確認這是由迪彭德拉造成的一起人為意外事件。

王室血案總算是蓋棺論定。雖然政府的最終結論未必被所有人接受，而且也許要經過一代乃至多代人之後，事情的真相才會真正水落石出。不過，理智的人都知道，誰製造這場悲劇並不重要，重要的是，血案會給本來就已經困難重重的國家帶來什麼樣的影響？

據說，這一慘案印證了二百三十年前的一則可怕預言：1786年當尼泊爾普里特維·納拉揚·沙阿國王將挺進加德滿都河谷時，偶遇喬裝成哲人的印度教神戈拉納特。沙阿國王送給哲人一

塊凝乳，沒想到哲人吞下後就反胃，全吐了出來，還給了國王。沙阿國王感到噁心之至，就把凝乳往地上扔，沒料到掉在自己的腳上。哲人批評國王傲慢，並告訴國王：如果國王當時吞下那塊凝乳，那麼他就可以實現自己的每一個願望；而現在事已至此，凝乳黏在國王的十個腳趾頭上，預示著沙阿國王之後只能延續十代繼承人，屆時沙阿王朝必將覆滅。而 6 月 1 日遇害的比蘭德拉國王恰恰是沙阿王朝第一位國王之後第十代繼承人。慘案發生之後，一位名叫沙伽的尼泊爾占星家說：「是巧合，還是預言靈驗，還要拭目以待。」

是的，經濟發展步履維艱，外交處境微妙，反政府力量蠢蠢欲動，面對這種種困難，痛失國王的高山王國將何去何從呢？

## 第二節　二十一世紀尼泊爾的發展

2001 年的王室滅門血案使尼泊爾陷入了前所未有的動盪，反政府武裝乘機發展，成為新政府的心腹之患。其實，尼泊爾的反政府武裝早已存在。1996 年 2 月，自稱「毛主義者」的一個尼泊爾共產黨派別，由於對現實不滿，在尼泊爾西部山區進行武裝抗爭。他們的口號和要求是：在尼泊爾徹底推翻君主立憲制，建立人民共和國。這些人最初只擁有在尼泊爾司空見慣的「廓戈利腰刀」和一些匕首，他們就用這些簡陋的武器襲擊員警，奪取槍枝，逐漸招兵買馬，進行反政府的武裝抗爭。

在二十一世紀以前，人們對這一組織並不以為然，認為他們

成不了氣候。但是，由於尼泊爾城鄉差別懸殊，土地剝削嚴重，農村的確生活十分貧困，政府官員貪污腐化，所以尼共（毛主義）領導人提出諸如實行徹底土地改革等口號，在廣大農村有著很大的吸引力和號召力。短短幾年之間，該組織就發展成為一支擁有二千人左右正規軍和上萬名遊擊隊員的反政府武裝力量，聲勢也迅速壯大。由於尼印邊界一向開放，因此尼反政府武裝可以自由進出印度，獲取武器並通過印度與外界進行接觸，或者到印度避難。他們實行「打了就跑」的策略，並效仿秘魯「光輝道路」的做法，不時襲擊員警哨所和地方政府各級機構，奪取武器並掠奪財物。

　　在王室滅門慘案之後，反政府武裝勢力活動加劇，這使得本來就已經動盪不安的高山王國更為風雨飄搖。就在這時，美國又突然插手尼泊爾事務，使一貫中立的尼泊爾外交出現新動向。美國自 1947 年 4 月 25 日與尼泊爾建交以來，從來不重視這個小國，沒有一位總統或國務卿訪問過尼泊爾。但是，2002 年 1 月 18 至 19 日，美國國務卿鮑威爾 (Colin Luther Powell) 卻忽然造訪尼泊爾。在訪尼期間，鮑威爾答應給予尼泊爾二百萬美元購買軍火，此外還表示將考慮向尼泊爾提供更多的經濟和軍事援助。加德滿都美國中心主任在談到美國未來對尼泊爾的援助時說：「我們渴望在軍事上和經濟上支援尼泊爾。」當年 4 月，美國派出專家群赴尼泊爾進行考察。5 月，尼泊爾首相德烏帕 (Sher Bahadur Deuba，2001～2002 年任職) 應邀訪問華盛頓。

　　美國對尼泊爾的興趣在很多有識之士看來十分危險，全球化

的時代，尼泊爾已經不可能是與世隔絕的世外桃源，它必然要和一些大國聯繫在一起。它的外交中立政策還能持續下去嗎？

然而，無論是反政府武裝也好，美國的介入也好，甚至於轟動一時的王室慘案也好，都不是主要的。重要的是，這個國家仍然是世界上最貧困的國家之一，它的一千多萬人口仍然生活在極度的貧窮之中。他們急需改變自己的命運，但卻無能為力。國內的動盪、國外的危機，無不是因為尼泊爾仍然是個弱小的國家而引起。儘管這個雪山之國曾有過輝煌的過去，誕生過釋迦牟尼這樣偉大的宗教人物，擁有舉世聞名的建築與雪山美景，吸引著無數觀光客，但都不能掩蓋其為世界最落後國家之一的事實。尼泊爾需要發展，是這個古國所面臨的最嚴峻問題，也正是在這樣的情況下尼泊爾迎來的重大變革。

歷史上，尼泊爾長期是國王集權統治的王國。從 1951 年開始，尼泊爾實行君主立憲制，但國王權力依然很大。2001 年發生「王室血案」，比蘭德拉國王等王室成員遇害，王弟賈南德拉繼承王位。此後，賈南德拉國王一度解散議會，並於 2005 年親政。2006 年，主要政黨組成的「七黨聯盟」(Seven Party Alliance) 與尼共（毛派）聯合發起反國王街頭運動。國王妥協，宣布恢復議會，隨後議會通過宣言，剝奪國王權力。2006 年 11 月，政黨政府與尼共（毛派）簽署《全面和平協議》，宣布結束長達十一年的武裝衝突，尼泊爾成為一個世俗國家。2008 年 5 月 28 日，尼泊爾被宣布為共和國，結束其作為世界上唯一的印度教王國的悠久地位。

　　經過十年的不穩定和內亂以及曠日持久的制憲運動，尼泊爾於 2015 年 9 月 20 日頒布新憲法。新憲法確定尼泊爾為聯邦民主共和國；將全國劃分為七個聯邦省；總統為禮儀性的虛位元首和軍隊統帥，總理由議會多數黨領袖擔任；聯邦議會實行兩院制，由聯邦院和眾議院組成；2016 年 1 月，尼泊爾議會通過憲法第一修正案，將選舉劃分等條款的基本原則由比例包容制變為人口比例第一、兼顧包容原則。這意味著尼泊爾各項法律法規都開始逐步完善。

　　與此同時，尼泊爾立法議會於 2015 年 10 月 28 日舉行新總統選舉。尼國第二大黨尼泊爾共產黨（Communist Party of Nepal，聯合馬列）副主席比迪亞・德維・班達裡（Bidya Devi Bhandari，2015 年任職迄今）獲得 327 票，以超過半數贏得選舉，當選尼泊爾歷史上首任女性國家元首，她也成為世界首位共產黨女總統。

　　比迪亞曾多次當選議員，擔任過尼政府環境和人口部長、國防部長，並任尼共（聯）副主席、尼泊爾婦聯主席。尼泊爾傳統上是個父權社會，但 9 月頒布的新憲法中規定，議會成員中女性必須占三分之一，總統或副總統至少一人必須是女性。比迪亞是推動這一條入憲的幾名政壇要人之一，她的當選總統具有標誌性意義。此外，尼泊爾議會也選出首位女性議長，由尼泊爾聯合共產黨（毛主義）的領導人昂薩麗・嘎爾迪 (Onsari Gharti Magar) 出任。

　　比迪亞大力宣導女權，其已故丈夫馬丹・班達裡 (Madan Bhandari) 是尼泊爾左翼政治領袖，生前曾任聯合馬列總書記，

圖 25：尼泊爾總統比迪亞・德維・班達裡

1993 年死於一場車禍。之後，比迪亞重返政壇逐漸成為尼泊爾政壇的左翼領袖。2006 年，比迪亞所在的聯合馬列曾組織了多次針對前國王賈南德拉的抗議示威。最終，聯合馬列、尼泊爾大會黨領導的「七黨聯盟」的抗議浪潮和毛派的武裝鬥爭結束了賈南德拉王朝時代，尼泊爾成為世界上最年輕的民主共和國。

　　2017 年是尼泊爾二十年來首次在全國範圍內成功舉行選舉。從 5 月分開始，全國七百五十多個地方議會舉行了選舉，近四分之三的合格選民參加了投票。全國選舉則在晚些時候舉行，結果顯示，由兩位前總理奧利和普拉昌達支持的共產主義聯盟大獲全勝。之後，尼泊爾共產黨（聯合馬列）和尼泊爾共產黨（毛主義）

合併為一個政黨：尼泊爾共產黨 (Nepal Communist Party)。2018
年 3 月，比迪亞‧德維‧班達裡連任總統。

　　尼泊爾新政府在脫離貧窮方面取得了重大進展，使人口低於
國際貧困線（每人每天 1.9 美元），從 2010 年的 15% 變為 2018 年
的 9.3%，儘管仍有許多人民生活困頓，近 32% 的人口生活在每
人每天 1.9 美元至 3.2 美元之間，但尼泊爾在營養、兒童死亡率、
電力和資產改善等方面取得了一定改善。

　　尼泊爾仍有頗大的經濟發展潛力。境內交通基礎設施薄弱，
水電及旅遊資源有待進一步開發；農業生產機械化剛剛起步，生
產效率還有很大提升空間；4G 網路開始鋪設，電子商務、行動支
付有待普及，許多現代服務業還未起步。隨著經濟的發展及收入
水準的提高，尼泊爾市場購買力也在逐漸提升，但國內加工製造
和生產能力有限，優質和高級商品的進口不斷增長。為此，尼政
府致力於改善投資環境，健全投資法律體系和規章制度，增強法
律透明度，落實投資優惠政策，希望吸引更多外國投資。有經濟
學家預測，尼泊爾有望在二十一世紀中旬結束貧困。

　　旅遊業是尼泊爾最大、增長最快的產業之一，占國內生產總
值的 7.9%。2018 年，除卻從陸路抵達的印度遊客外，尼泊爾的
國際遊客人數首次突破一百萬人次。二十一世紀以來，主要旅遊
目的地包括博卡拉、安納普爾納徒步賽道和四個聯合國教科文組
織世界遺產地──蘭毗尼、薩加爾馬塔國家公園（珠穆朗瑪峰的
所在地）、加德滿都山谷的七個遺址和奇旺國家公園。

　　博卡拉作為尼泊爾最負盛名的旅遊地，二十一世紀以來成為

圖 26：博卡拉的滑翔運動

世界三大滑翔傘聖地之一。這裡擁有所有適合滑翔傘活動的條件：穩定的上升氣流，以及適合的起飛和降落區域。明淨的費瓦湖讓滑翔安全有著更高保障，同時也為滑翔者提供了令人難以置信的瑰麗雪山景致。滑翔傘讓人像一隻自由翱翔在雪山之巔的鳥，不僅可以體驗速度和激情，也可以觀賞雪山湖泊的壯麗美景。此外，博卡拉也是徒步者的天堂，尤其是受到西方徒步愛好者的青睞。

　　由於中國遊客日漸增多，不僅人民幣、行動支付可以在一些城市通行，而且為了吸引中國人，尼泊爾商人近來喜歡貼出中文標語，例如什麼「瞧一瞧、看一看，不要錢了啊」、「白富美的選擇」、「性價比很高，老闆人很好，不坑爹」、「買吧買吧，你女朋

圖 27：徒步聖地博卡拉

友會很高興」等等，這常讓中國遊客忍俊不止。

　　如果說民間懂得如何爭取客源，那麼尼泊爾政府也深知爭取經濟援助和外商投資的重要性。在外交上，尼泊爾奉行平等、互利、相互尊重和不結盟的外交政策，重視加強同美國、英國等西方國家關係，主張在和平共處五項原則基礎上與世界各國發展友好關係，截至 2020 年 5 月 1 日，已同一百六十八個國家建交。尼泊爾是南盟、聯合國、世貿組織等成員國，它與一百六十七個國家和歐盟有雙邊外交關係，在三十個國家設有大使館和六個領事館，二十五個國家在尼泊爾設有大使館，另有八十多個國家設有非駐地外交使團。以誠實、忠誠和勇敢而著稱的尼泊爾還是聯合國維和部隊特派團的主要派遣國之一，這與尼泊爾的歷史有關。

過去二百年中在印度和英國軍隊中擔任軍職的廓爾喀士兵一直都是傳奇，他們在兩次世界大戰、印巴戰爭以及阿富汗和伊拉克都服役，儘管尼泊爾沒有直接捲入任何衝突，卻贏得過包括維多利亞十字勳章和帕拉姆維爾查克拉勳章在內的最高軍事獎項。

尼泊爾奉行與印度和中國這兩個最大的近鄰的「平衡關係」政策：1950 年《尼印和平友好條約》規定建立更加密切的關係。尼泊爾和印度有著開放的邊界，人員、宗教、文化和婚姻關係自由流動。印度是尼泊爾最大的交易夥伴，它依賴尼泊爾所有的石油和天然氣以及一些必需品。尼泊爾人可以在印度擁有財產，而印度人可以自由地在尼泊爾生活和工作。印度和尼泊爾之間的關係雖然非常密切，但「由於地理、經濟、大國與小國關係固有的問題以及兩國邊界重疊的共同種族、語言和文化特徵而面臨困難」。2015 年 9 月，尼泊爾新憲法頒布後，印度收緊邊境管控，造成尼泊爾國內物資嚴重短缺，尼、印關係緊張。2016 年 1 月，尼泊爾議會通過新憲法修正案，部分滿足反對派訴求，印度對修正案表示歡迎，逐步放鬆對尼泊爾禁運。2016 年 2 月尼泊爾總理奧利訪印，尼、印關係初步恢復。2016 年 5 月，尼泊爾總統取消訪印，尼泊爾政府召回駐印度大使，尼、印關係再次陷入僵局。2016 年 8 月，尼泊爾總理派副總理兼內政部長尼迪作為總理特使訪印。2016 年 9 月，尼泊爾外長馬哈特訪印，尼泊爾總理普拉昌達（Pushpa Kamal Dahal，2016～2017 年任職）隨後訪印，尼、印關係逐步緩和。2016 年 11 月，印度總統普拉納布·慕克吉（Pranab Kumar Mukherjee，2012～2017 年任職）對尼泊爾進行

國事訪問，這是印度總統近十八年來對尼泊爾的首次訪問。2017年4月尼泊爾總統班達裡對印度進行國事訪問。8月，尼泊爾總理德烏帕訪問印度。2018年2月，印度外長斯瓦拉吉訪尼；同月，奧利就任總理後，印度總理莫迪表示祝賀。2018年4月6～8日，尼泊爾總理奧利訪印。5月11～12日，印度總理莫迪訪尼。印度是尼泊爾最大交易夥伴和重要援助國，雙方關係一直很微妙。

中國在尼泊爾受到青睞，是因為與尼泊爾不存在任何邊界爭端，也未干涉過尼泊爾的內政，加上中國在基礎設施建設和緊急情況援助方面對尼泊爾幫助很大，因此雙方關係頗佳。近年，中國允許尼泊爾進入第三國港口進行貿易，尼泊爾也加入中國的「一帶一路」倡議。

2016年3月23日中華人民共和國和尼泊爾發表聯合聲明，指出：在中尼雙邊合作方面，雙方同意對接各自發展戰略，制定雙邊合作規劃，在「一帶一路」倡議框架下推進重大專案實施。雙方願加強互聯互通，進一步加強兩國陸路和航空聯繫，改善中尼間陸路交通基礎設施。中方願加快推進阿尼哥公路和沙夫魯比西一拉蘇瓦公路修復保通項目，為尼方援建普蘭 (Burang) 口岸的斜爾瓦 (Sherwa) 界河公路橋。雙方願加快推進加德滿都環狀道路改造專案，雙方政府主管部門將就建設中尼跨境鐵路和尼境內鐵路進行交流。雙方對《中尼政府間過境運輸協定》的簽署感到滿意，兩國業務主管部門願立即啟動關於後續議定書的磋商，並將議定書視為過境運輸協定的一部分。雙方同意商簽《中尼邊界管

理制度協定》。中國政府將繼續在力所能及範圍內向尼泊爾經濟社會發展提供幫助。中方將落實 2016～2018 年對尼無償援助，圍繞基礎設施建設、北部災區民生恢復、文物古蹟修復、災害防治能力建設和醫療衛生合作等五大領域實施雙方商定的二十五個災後重建專案。

　　這裡所說的災後重建，是尼泊爾時間 2015 年 4 月 25 日 11 點 56 分發生的規模 8.1 的大地震，親歷者形容地震宛若「瞬間喜馬拉雅山翻騰，大地裂變」。超過八十萬幢建築和遺跡被摧毀或破壞，直接損失高達七十億美元。在聯合國的幫助下，尼泊爾政府、數千名志願者、四百五十多家人道主義機構為受影響社區提供了關鍵的救生援助。聯合國、捐助者、國際非政府組織及紅十字會與紅新月國際聯合會迅速調配資源，採取行動。4 月 29 日，人道主義國家工作隊發表尼泊爾地震緊急呼籲，要為二百八十萬尼泊爾地震受災民眾提供保護和救濟。在緊急呼籲的號召下，從 2015 年 4 月到 9 月，人道主義援助共惠及三百七十萬人。在一些最偏遠的地區，直升機和汽車都到不了，他們就安排志願者把物資背在身上，步行送到那些地方。據親歷者記載：「我見證了在這個世界上最不發達國家中人民強大的自救能力，面對危難時井然的社會秩序、穩定的物價及普通人與人之間負責、寬容、憐憫和蘊含同理心的溫情。」

　　如果說 2015 年大地震造成的破壞讓人記憶猶新，那麼面對 2020 年突如其來的嚴重特殊傳染性肺炎 (Coronavirus disease 2019) 疫情，尼泊爾政府不得不採取「封國」措施，航空運輸暫

停，陸路口岸關閉，物流受到嚴重影響。在中國駐尼泊爾使館的大力協調下，中國先後多次對尼泊爾援助抗疫救災物資，並與尼泊爾聯合舉辦「全球疫情會診室」視訊研討會、諮詢會、經驗交流會等活動。這對未來中尼關係的影響，是顯而易見的。

## 第三節　「亞洲的瑞士」

尼泊爾被譽為「亞洲的瑞士」，有得天獨厚的旅遊資源。境內有珠穆朗瑪峰等世界著名山峰、大小不同的冰川、神祕的高山深谷、大片的原始森林、種類繁多的珍稀野生動植物，山川多姿，景色秀麗，森林茂密，山花浪漫，再加上它獨特的佛教和印度教文化，有眾多的佛教和印度教寺廟，展示尼泊爾高超藝術的建築、雕塑和精湛的手工藝品，對世界各地的遊客都有著極大的吸引力。

圖 28：博卡拉魚尾峰

隨著世界登山運動的不斷發展，尼泊爾的高山冰川也為各國登山愛好者所神往。尼泊爾有著數不清的高峰，山多峰險，使尼泊爾具備發展登山旅遊業的極佳條件，每年有上百個外國登山隊來尼泊爾登山。經科學研究證實，在喜馬拉雅山登山旅行有益於健康，可治療多種慢性病，這也逐漸成為吸引遊客的一個重要原因。更重要的是，這裡的人民十分純樸、熱情而好客。所有條件，都預示著尼泊爾旅遊事業無限廣闊和美好的前景。

　　尼泊爾的自然風光前面已經說過了，這裡要介紹一下尼泊爾的主要城市和宗教聖地，它們也是尼泊爾的重要旅遊資源。首先來看一看尼泊爾的三大城市加德滿都、帕坦、巴德岡。這幾個城市古蹟眾多，有「露天博物館」之稱。

　　加德滿都位於尼泊爾中部海拔 1,370 公尺的加德滿都河谷盆地中，巴格馬提河和比興馬提河匯合處。四周群山環抱，崗巒重疊。在林木蓊鬱的青山之外，遠方的喜馬拉雅山雪峰像高懸的白玉掩映在半空，景色十分優美。全市人口約三十多萬，是尼泊爾最大的城市，也是全國的政治、經濟、交通和文化的中心。加德滿都建於 723 年，原名坎提波爾 (Kantipur)，是「光榮城市」的意思。 1593 年，市中心建立了一座廟宇，名叫「加斯達滿達爾 (Kasthamandap)」，這個梵語是「獨木寺」的意思，因為此廟宇是用一根樹木建成的，以後這個城市就建成為加德滿都。

　　加德滿都市區分為新舊兩個部分，在市中心廣場之西為舊城，這裡街道狹窄，建築古老。廣場以東為新城，馬路寬廣，建築堂皇，有金碧輝煌的王宮與政府大廈；市區南部有一廣場，為群眾

圖 29：加斯達滿達爾

集會和軍隊操練的地方，在廣場中央矗立著一個高達 70 公尺的圓
柱形高塔，是著名的比姆森抗英紀念塔，它是本城的特殊標誌；
還有博物館、大學、醫院和動物園等建築，市內寺院不下數百座，
有所謂「神像與市民相伴，寺院和店鋪為鄰」之說。這些木結構
的廟宇，外觀結構典雅優美，雕刻精細，還裝飾了許多銅飾，最
著名的寺院是斯瓦揚布納特寺 (Swayambhunath)。特里布文國際
機場 (Tribhuvan International Airport) 坐落在市區的東部。加德滿
都近郊的著名古蹟「九蛇湖 (Nine Snake Lake)」，在一片清靜明亮
的池水中，有九條粗大石雕的蛇盤錯在一起，蛇頭昂起，蛇身上
平臥著一尊石佛，風過水面，湖波盪漾，九蛇栩栩如生，這是古
代尼泊爾能工巧匠的傑出雕刻。

　　近百年來，加德滿都還出現一些模仿西方古典主義派的建築，
其中最突出的是拉納家族統治時代建築的「辛哈・杜巴爾」。這是

當時的政府大廈和拉納家族成員的官邸。雄偉的漢白玉大殿，四周有廊柱環繞，殿前有數座噴泉，還裝飾著古典風格的雕像。整個建築有一千七百個宮室，是模仿法國著名的凡爾賽宮之作。

位於加德滿都以東約四公里處的獸王廟，是印度教最重要的聖地，建於八世紀。這裡是一個巨大的建築群，主體建築是有兩層屋頂的高大殿堂，在它之旁，有濕婆神愛獸公牛南吉的巨大石雕像，整個格局別具風格。此外，還有位於加德滿都以東十四公里處山坡上的昌古‧納拉揚寺。該寺供奉保護神毗濕奴。寺中的神像雕刻藝術遠近聞名。

一位西方旅行家這樣描繪加德滿都的風情：

> 黎明的加德滿都，可以看見成片的、越來越高的屋頂。這個城市從來都是不眠的，特別是在炎熱的夏季。透過敞開的窗戶，一整夜都能飄進來各種各樣的聲音：男人們喝了一夜的酒回到家中；一群尼瓦爾婦女清晨四點就集合在一起去斯瓦揚布寺進香；水突然從開著的窗戶中飛濺著潑了出來，願上帝保佑窗戶下的人。犬吠聲，公雞的啼鳴……加德滿都更像是一個大鄉村，這就是它的魅力所在和惱人之處。
>
> 濕潤的空氣，燒糊的牛奶，鴿子的咕咕叫聲。霧靄中，當雲彩環繞著群山之時，天空變成了紫色，然後變成深藍色。斯瓦揚布納特寺的燈光在遠處閃爍。一個婦女慢騰騰地走上屋頂，打著呵欠，向裝有黃花的陶罐中澆水，並選了一

朵盛開的花用作她的晨禱。她在神龕裡撒下一些米，鴿子立即飛下來吃米。在她家隔壁，一個男人一邊用手纏著頭巾，一邊走出來房門，走進昏暗的燈光中，而且還合手於胸前背誦著禱文，朝著斯瓦揚布寺方向彎腰。之後，他進了屋子，而他的另一個鄰居正走出來了，就像鴿子鐘一樣迎接黎明的到來。門鈴聲，第一聲計程車的喇叭聲，清晨在清它的嗓子：遠處的笑聲，持續的鴿子叫聲。早上六點鐘整，數以百計的廣播響了起來，一齊播放著晨禱曲尼泊爾生活的起床號。

加德滿都確實極為迷人。

帕坦又名拉力普 (Lalitpur)，在加德滿都南方三公里的地方，是座有一千多年歷史的古城。十一到十八世紀時曾為帕坦王國的都城，有很多佛教古蹟，尤以十五～十六世紀所建寺院最為著名。現在，人口在十萬以上，為尼泊爾的第二大城市，已建設成為新型的工業區。

帕坦是一座以美術工藝品著稱的歷史名城，向來被稱為尼泊爾的「藝術城」。人們一進入市區，街道兩旁房屋的窗戶和殿堂上布滿各式各樣花紋和圖案，令人彷彿置身於一個大博物館的庭院。城內杜爾巴爾廣場 (Patan Durbar Square) 一帶有成群的塔廟，層樓重閣，畫棟雕梁。青銅製的塔頂，飛簷上的風鈴，屋頂上的斗栱裝飾著天神鳥獸，和中國舊有的塔廟建築十分相似。市區的十字街心，是尼泊爾王朝的宮殿和寺廟遺址，建築十分壯觀，著名的

　　「金寺」建於十二世紀，為尼泊爾藝術的精粹。這裡還有著名的克利希納廟（即黑天廟），它共有二十一個塔尖，是尼泊爾建築藝術的獨特典範。這座廟共有五層，上上下下，完全用石頭建造而無片木寸釘；在廟四周的石牆上，雕刻著印度著名古代大史詩《羅摩衍那》和《摩訶婆羅多》中的故事，畫中人物栩栩如生，十分引人。

　　巴德岡又名巴克塔普爾，在加德滿都東面約十公里的地方。人口九萬多，是加德滿都河谷中的第三大城。巴德岡這座城市是 889 年由國王阿南達‧馬拉（Ananta Malla，1274～1310 年在位）主持興建的，但市區的許多主要建築卻出現在十七世紀末的布帕亭德拉‧馬拉國王統治時期，十八世紀這裡曾是尼泊爾馬拉王朝的首都。

　　市區中心是杜爾巴爾廣場，廣場周圍的建築林林總總、大小

圖 30：克利希納廟

不等、風格不同，有宮殿、廟宇、寶塔、浮屠、城樓、寺院、神
龕、祭壇、石柱、燈檯，幾個世紀以來，哪裡有空隙人們就往哪
裡見縫插針般地蓋一座建築，形成今日這樣高低懸殊、形態各異
的建築群。正如一位西方旅行家所說「巴德岡是一個建築學上幻
想的混合物和尼泊爾藝術的大寶庫」。

　　坐落在巴德岡市廣場中央的博物館，就是當年馬拉王朝的宮
殿，裝飾有五十五個窗戶和金門。廣場的另一端，有一座尖頂的
五層寶塔，叫做「尼亞塔婆拉神廟 (Nyatapol Temple)」，建於
1708 年，是尼泊爾最高大的古代建築。在這座廟的前面，有五對

圖 31：尼亞塔婆拉神廟

雕刻的石像：第一個臺階上是傳說中的金剛力士賈亞‧馬拉和帕坦‧馬拉，據說他們的力氣比常人大十倍；第二個臺階上是一對大象，牠們的力氣比金剛力士大十倍；第三個臺階上是一對獅子，牠們的力氣又比大象大十倍；第四個臺階上是一對半獅半鷲的怪獸，據說牠們的力氣又比獅子大十倍；最高一層臺階上站立的是尼泊爾婦孺皆知的辛格西尼和巴西尼女神，她們的力氣又比半獅半鷲的怪獸大十倍。這個廟的結構別致，每層都有四方形的屋檐向外伸展。

在這個城市裡，每當日落黃昏，人們還可以看到夕陽餘暉，反射在遠方高聳入雲的喜馬拉雅雪峰上，呈現出一片橙黃色的光環，非常美觀。據說這是世界上罕見的奇景。

雖然這些美景非常吸引人，不過，尼泊爾在 1951 年前是個禁地，除負有特殊使命的外交人員外，很少有人能進入這塊「世外桃源」。自 1952 年尼泊爾向國外遊客開放以來，其旅遊業增長很快，政府一直把擴大各種旅遊設施作為發展的重點。

現在，旅遊業是尼泊爾的重要產業，為尼泊爾的經濟做出重要貢獻。近年來，旅遊業所賺外匯僅次於地毯出口，居第二位。1995～1996 年度旅遊業占國家外匯收入的 18%。旅遊業還直接間接地帶動工業、手工藝業、交通運輸業和零售業等產業的發展。

為了發展旅遊業，尼泊爾政府的第五個五年計劃（1975～1980 年）期間制定實施第一個發展旅遊業的總計劃，並依照計劃加強旅館、旅行和登山旅行的機構、航空、國際宣傳和廣告以及人員培訓等基礎設施的建設。因此，在 1975～1980 年期間，遊客

人數從 92,440 人次增至 162,897 人次（包括印度遊客），年均增長約 13％；旅遊業賺取外匯由 1975～1976 年度的 1.88229 億盧比（約 1,511.8 萬美元）增加到 1980～1981 年度的 6.07 億盧比（約 5,183.1 萬美元），年增長約 25.48％。

第六個五年計劃（1980～1985 年）期間，國家又制定並實施了第二個五年旅遊發展總計劃，根據這個計劃，尼泊爾旅遊主管部門擬拍攝八十七座山峰的圖片和出版發行二百種有關山地旅遊的插圖小冊子，在幾個地方開發旅遊勝地，印刷發行四百萬冊國際標準的小冊子，邀請數位著名人物訪問尼泊爾，出席七十五個旅遊專題討論會和展覽會，申請參加某些旅遊國際組織，計劃由旅館經營管理和培訓中心培訓六百二十五名不同專業的旅遊管理人才，以及其他一些開發專案。國家在「六五」計劃期間對旅遊專案和計劃的撥款達六千萬盧比，主要目標是增加外匯收入以改善國際收支平衡狀況，以及發展以旅遊業為基礎的產業和企業。

第七個五年計劃（1985～1990 年）期間，依據發展旅遊業的目標，實行開放尼泊爾天空的政策，政府允許租用飛機，國內航線向私營航空公司開放，增加了往返加德滿都的航班，開闢法蘭克福和新加坡直飛加德滿都的航線；由加德滿都直達拉薩的航線也於 1987 年 9 月中旬開通。由於實行上述一系列措施，「七五」期間尼泊爾的旅遊業又有新的發展，遊客人數在 1987 年和 1988 年分別上升了 11％ 和 7.2％。

進入 1990 年代，尼泊爾的遊客人數仍一直保持增長的趨勢。這使政府相信，這一產業存在著巨大的擴張潛力。但是，如果要

讓旅遊業帶動經濟快速發展，還必須克服幾個嚴重的制約因素：國家的基礎設施不能適應旅遊人數的進一步增長；國內航班的載客量和交通服務有限；城市的服務設施不能解決廢物處理和水污染問題；登山旅遊線擁擠且受到毀壞等。

　　為了對旅遊業發展進行長遠規劃，尼泊爾政府又制定一項新的旅遊業發展總計劃。新計劃特別強調把登山旅遊路線擴展到邊遠地區，以便為尼泊爾的邊遠地區和農村提供就業機會。為了吸引遊客消費和延長其留境時間，新計劃準備興建更多的旅館和餐館，開闢諸如宗教和文化節日旅遊及「生態旅遊」等新領域，新計劃還強調向國外推展觀光的活動和簡化簽證與換匯手續的重要性。為了吸引更多的遊客，政府宣布 1998 年為「訪問尼泊爾年」，採取了一系列計劃和措施。同時，根據私有化政策，政府積極鼓勵外國投資商投資尼泊爾的旅遊業，允許外國投資商將利潤匯回國內。

　　尼泊爾的旅遊業中最吸引人的是登山運動。當然，人們完全可以乘坐飛機觀賞雪峰景觀。為了實現人們觀賞珠穆朗瑪峰的願望，尼泊爾皇家航空公司還開辦空中旅遊班機，每天都有幾個航班，從加德滿都出發，歷時一小時的空中旅行可觀看到世界八大高峰的壯麗景色和奇特的喜馬拉雅山區風光，這就是所謂的「山地旅行」。

　　有人曾這樣生動地描繪過機上觀景的狀況：

　　　飛機盤旋在遍布岩石的山脊上，它的影子映在下面的白雪

上就像一隻海鷗。飛行員是在山中飛行的，而不是在它們的上方，你可以感覺到這種金屬外殼的飛行器在氣流中穿行的脆弱性。景色如此壯麗，即使你飛在它的上方也是一樣。風的屏蔽明顯構成了天空的一部分，山巒在陽光下閃爍著耀眼的白色。飛行員很有技巧地在群山間飛進飛出，傾斜著以避免翼尖撞上裸露的岩石。突然之間，大地如此靠近你，而且是以機上乘客感到非常不舒服的速度靠近著你。很快，飛機就從狹小的山間翻滾入群峰的炫目光彩、空曠和寂靜中，空氣中夾雜著落雪的味道。

這種感覺確實奇妙，所以有很多人樂於嘗試飛機觀景。

不過，對於熱愛雪山的人，還是親自攀登更有吸引力。早在1953年，就有紐西蘭登山隊員希拉利 (Edmund Percival Hillary) 和尼泊爾嚮導譚京·諾爾蓋 (Tenzing Norgay) 登上了珠峰，實現人類向自然界的一次大挑戰。

譚京是尼泊爾的謝爾巴族人，從小生活在珠峰腳下的一個山村。小時候，他同父親一道在山坡放牧犛牛，常聽老人講關於主峰的神話傳說。在尼泊爾語中「薩加—瑪塔」（即珠峰）意為「天庭之首」。老人們說，珠峰之頂就是天庭，各路神仙就住在那裡。譚京經常趕著牛群，望著雲霧繚繞的珠峰想，什麼時候能爬上雲端，親眼看一看天庭是個什麼模樣該多好啊！十八歲的那年，他家搬到印度大吉嶺。在那裡他遇到一個登山隊，由於他對喜馬拉雅山脈地區十分熟悉，於是就擔任了這個登山隊的嚮導。

　　譚京和登山隊一道訓練，學到一些登山的知識和技巧，對登山活動更加熱愛。在這之前，英國隊幾次從西藏地區，攀登珠峰，但均以失敗告終。這時英國隊又轉向南面，對珠峰發起新的進軍。在 1953 年之前，譚京同外國隊一共對珠峰進行了五次攀登，沒有一次取得成功。但是，攀登失敗並沒有使他喪失信心。這幾次攀登的收穫是，他們發現了通上珠峰的最佳路線南坳。1952 年，尼泊爾已對外開放，一個瑞士登山隊從尼泊爾一側來攀登珠峰。譚京自告奮勇，做了這個隊的隊員。這次攀登在初春開始，用了一個多月時間，他同該隊的蘭伯特不用氧氣登到 8,600 公尺的高度，在當時還沒有人達到過。譚京後來回憶說，當時，他們已望見珠峰的頂端，心裡也很激動。但是這次攀登因沒有攜帶足夠的食物，又遇到狂風，安全起見，只好望峰興嘆，惋惜之餘，又退了回來。

　　由於二十多年來，譚京積累了豐富的登山經驗，加上這次攀登走的也是南坳路線，他和紐西蘭運動員希拉利相互配合，且默契十足，通力合作，經過一個多月的攀登，順利地達到 8,600 公尺的高度。從 8,600 公尺往上，攀登越來越困難，每前進一步都要付出巨大的代價。譚京說，準備一頓茶、餅乾等簡單早餐，有時要花費幾個小時。為了向珠峰衝刺，他們建立了第六營地。他們在營地稍加休息，又開始前進。事後譚京回憶說，從第六營地到峰頂，看上去只有一箭之地，但攀登起來，卻像有千里之遙，沒有盡頭。經過衝刺，最後兩個人一鼓作氣，越過一個峭壁，翻過一道冰牆，成功登上了地球之巔，他多年的夢想終於實現。很多年之後，譚京還記得當年他每每會充滿喜悅地、同時又鬆了一

圖 32：喜馬拉雅山間的登山隊

口氣說：「真沒想到，天庭竟如此之小，它僅能容下五、六人。」

　　自此之後，登山以它巨大的魔力吸引著全世界無數登山愛好者，成為尼泊爾旅遊業的一大亮點。

　　另外，旅遊事業的發展和旅館業的發展密不可分。一些山區旅遊勝地，如博卡拉等，也相繼開放。尼泊爾在珠穆朗瑪峰海拔4,000 多公尺處興建了世界上最高的旅館「埃佛勒斯風景旅館」，住在旅館裡可就近觀賞珠峰景色；還在著名的拉普提谷地修建別致的旅舍，供旅客觀賞天然動物園的各種野生動物，並備有訓練好的大象供人乘騎。政府在比比皆是的名山河地中，規劃許多旅

遊路線，在通往名山的山道上有許多旅店、酒館、小吃店和食品店等服務設施。為了方便遊客和登山愛好者，尼泊爾旅行社還為登山者提供帳篷、睡袋、衣物和藥品等，並配備嚮導引路。必要時，還有廚師、護士、搬運工為其服務。尼泊爾皇家航空公司積極配合旅遊業發展，盡可能增加各條航線的飛行班次，並出租直升飛機供旅遊者遊覽佛祖誕生地和其他名勝。

後來，到尼泊爾徒步或乘牛車旅行的人也有顯著增加。這種活動頗受歡迎，因為這可使一些目前尚不具備現代化交通條件的旅遊勝地對外開放。

發展旅遊業，可以說是尼泊爾找到的一條因地制宜的經濟發展之路，儘管存在著旅館建設過多等問題，但總體來說，旅遊業確實獲得了成功，成為尼泊爾的經濟支柱之一。

前文中提到 2015 年的尼泊爾大地震，不僅造成加德滿都很多中世紀建築坍塌，而且長期以來被認為是加德滿都谷地中世紀城市中保存最好的巴德岡在遭受到大地震的破壞後，數十座建築物倒塌，許多歷史古蹟遭到破壞。杜爾巴爾廣場是巴德岡的第一大廣場也是尼泊爾世界文化遺產之一，廣場上最主要的建築是有著 99 個庭院的老王宮——這是尼泊爾人永遠的驕傲。這座廣場集中了巴德岡的主要古蹟，建築、雕刻多為十七世紀的傑作，廣場四周都是古建築和寺廟，高聳而又造型優美的尼亞塔婆拉神廟特別引人注目。此外，那些傳統磚砌建築的蜿蜒街道，也受到地震的影響，專家們預計重建過程需要數年，甚至數十年。

英國旅行家鮑威爾曾說過，「就算整個尼泊爾都不在了，只要

圖 33：地震後的巴德岡

巴德岡還在，就值得你飛越大半個地球來看它。」巴德岡仍然在
那裡，加德滿都仍然在那裡，雪山仍然在那裡，森林湖泊也仍然
在那裡，經歷過苦難的千年古國尼泊爾也仍然在那裡。我們有理
由相信，尼泊爾共和國一定會有新生的一天。不僅僅是旅遊業，
還有其他各方面。

Nepal

附　錄

# 大事年表

西元前

| 七世紀 | 克拉底王朝建立。 |
|---|---|
| 563 | 釋迦牟尼誕生。 |
| 265 | 阿育王訪問尼泊爾。 |

西元

| 四世紀 | 李查維王朝建立。 |
|---|---|
| 606～621 | 阿姆蘇・瓦爾馬在位，李查維王朝的黃金時代。 |
| 639 | 阿姆蘇・瓦爾馬將公主布里庫蒂嫁給松贊干布。 |
| 879 | 李查維王朝滅亡，塔庫里王朝建立。 |
| 1201 | 馬拉王朝統治尼泊爾。 |
| 1382～1395 | 賈亞斯提提・馬拉在位，引進印度教。 |
| 1482 | 馬拉王朝分裂。 |
| 1769 | 普里特維・納拉揚・沙阿統一尼泊爾。 |
| 1774 | 普里特維・納拉揚・沙阿大君去世。 |
| 1791 | 英國與尼泊爾簽訂通商條約。 |
| 1814 | 英國入侵尼泊爾。 |
| 1816.3.4 | 英尼簽訂《蘇高利條約》。 |
| 1839 | 比姆森・塔帕首相遇害。 |
| 1846.9.15 | 王宮庭院大屠殺，忠格・巴哈杜爾掌權，尼泊爾開始拉納家族的百年統治。 |

| 1849 | 忠格・巴哈杜爾訪問英國。 |
| 1858 | 忠格・巴哈杜爾正式稱「拉納」。 |
| 1914 | 尼泊爾參加第一次世界大戰。 |
| 1923 | 英尼簽訂《永久和平條約》。 |
| 1948 | 拉納政府頒布憲法失敗。 |
| 1950 | 特里布文國王出走印度，引發抗議拉納家族統治的浪潮。 |
| 1951.2.18 | 組成了以國王、尼泊爾大會黨、莫漢・蘇姆謝爾・拉納為首的三方政府，拉納家族的統治告終。 |
| 1951.8.6 | 頒布《尼泊爾臨時政府法》。 |
| 1953 | 紐西蘭運動員希拉利和尼泊爾人譚京・諾爾蓋首次登上珠峰。 |
| 1956 | 實施第一個五年計劃。 |
| 1959.2.12 | 頒布第一部憲法。 |
| 1962.12.16 | 開始實行無黨派評議會制度。 |
| 1971 | 開始實施「新教育計劃」。<br>比蘭德拉國王在不結盟國家首腦會議上提出尼泊爾和平區建議。 |
| 1990.11.9 | 結束評議會制度，君主制變為君主立憲制。 |
| 2001.6 | 發生「王室血案」，比蘭德拉國王等王室成員遇害，其弟賈南德拉繼位。 |
| 2006 | 議會宣布剝奪國王權力。 |
| 2008 | 舉行制憲會議選舉，並宣布成立尼泊爾聯邦民主共和國。 |
| 2015.4.25 | 發生規模 8.1 的大地震。 |

| 2015.10.28 | 比迪亞‧德維‧班達裡當選總統，為尼泊爾第一位女性元首。 |
| 2016.11.2 | 印度總統普拉納布‧慕克吉前往尼泊爾進行國事訪問，此為尼泊爾政權更迭後印度最高領導人首次進行訪問。 |
| 2017 | 加入中國「一帶一路」倡議。 |
| 2017.5.14 | 舉行地方選舉，此為尼泊爾聯邦民主共和國的首次選舉。 |
| 2018 | 入境尼泊爾的外國旅客人數首次突破一百萬。 |
| 2018.5.17 | 尼泊爾共產黨（聯合馬列）和尼泊爾共產黨（毛主義）合併為尼泊爾共產黨。 |
| 2020.3.24 | 由於 2019 年嚴重特殊傳染性肺炎在境內快速傳播，尼泊爾首次實施全國封鎖。 |
| 2021.3.8 | 尼泊爾最高法院裁定 2018 年尼泊爾共產黨（聯合馬列）與尼泊爾共產黨（毛主義）的合併無效。 |
| 2021.10.20 | 連日的強降雨造成嚴重的土石流和洪水災情。 |
| 2022.2.20 | 爆發反對簽訂美國「千禧年挑戰計劃」的示威活動。 |

# 參考書目

1. *Britannica.*

2. *Encyclopia America.*

3. Kerry Moran, *Nepal*, Hong Kong, Local Colour, 1998.

4. Munshi Shew Shunker Singh & Pandit Sri Gunanand, *History of Nepal*, Susil Gupta Calcutta, 1958.

5. Rishikesh Shaha, *Nepal Politics*, Oxford, 1978.

6. [尼] I. R. 阿里亞爾、T. P. 頓格亞爾，《新編尼泊爾史》，四川人民出版社，1973 年版。

7. 王宏偉，《高山王國尼泊爾》，中國社會科學出版社，1980 年版。

8. 李樹藩、王科鑄，《世界通覽》（上），吉林人民出版社，1992 年版。

9. 李樹藩、王德林，《最新世界各國概況》，長春出版社，1997 年版。

10. 孫培鈞、劉創源主編，《南亞國家經濟發展戰略研究》，北京大學出版社，1990 年版。

11. 郝章印，《雪山·雪人·女神·節日》，世界知識出版社，1984 年版。

12. 華言實，《失落的文明》，海南出版社，2001 年版。

13. 寧斯棟，《尼泊爾》，北京：商務，1977 年版。

14. 羅祖棟，《當代尼泊爾》，四川人民出版社，2000 年版。

15. 王宏偉，〈美國對尼泊爾：從半個世紀的漠視中突然轉變〉，載《世界知識》，2003 年第 4 期。

16.中華人民共和國和尼泊爾聯合聲明 （全文） 中國政府網
(www.gov.cn)

http://www.gov.cn/xinwen/2016-03/23/content_5056979.htm

17.商務部國際貿易經濟合作研究院、中國駐尼泊爾大使館經濟商務處、
商務部對外投資和經濟合作司:《對外投資合作國別(地區)指南——
尼泊爾 （2020 年版)》

http://www.mofcom.gov.cn/dl/gbdqzn/upload/niboer.pdf

圖片出處：2: CORBIS; 3, 5, 6, 7, 9, 10, 11, 12, 13, 14, 15, 16, 17, 19, 29,
30, 31: Mook 王瑤琴 ; 4: Michael S. Lewis/CORBIS; 8: Galen Rowell/
CORBIS; 18, 22: 維基百科公共領域 ; 21: Alison Wright/CORBIS; 23:
Bettmann/CORBIS; 24: Hulton Archive; 25: Bidya Devi Bhandari:
https://en.wikipedia.org/wiki/Bidya_Devi_Bhandari; 26, 27, 28, 33: 作者
提供 ; 32: David Keaton/CORBIS。

# 在字裡行間旅行，
## 實現您 周遊列國 的夢想

## 國別史叢書

# 國別史叢書

### 西班牙史——首開殖民美洲的國家

位於南歐的西班牙，自古是各民族的交會地，受到羅馬、日耳曼、伊斯蘭勢力的接連入侵，導致血腥衝突不斷。直至十五世紀末葉，基督徒展開全面反攻，統一西班牙；對外哥倫布抵達美洲，首開殖民先例，西班牙的百年帝國霸業，就此展開。

### 烏克蘭史——西方的梁山泊

地處歐亞大陸交界的烏克蘭，歷史發展過程中不斷受到周遭勢力的掌控，但崇尚自由的他們始終堅持著民族精神與強鄰對抗。蘇聯解體後，烏克蘭終於獨立，但前途仍然一片荊棘，且看他們如何捍衛自由，並理解其歷史遺留的民族糾葛。

### 捷克史——波希米亞的傳奇

古老而美麗的布拉格、舉世聞名的文豪、歐洲宗教改革的先驅或努力衝破鐵幕的布拉格之春，看似不相干的字語，卻都是在描述位於歐洲心臟地帶的國家——捷克。這個歷經眾多紛擾卻仍生出璀璨文化的國家，是如何成為今天的模樣？隨著作者的文字，一起踏上捷克，一探究竟吧！

### 波蘭史——譜寫悲壯樂章的民族

十八世紀後期波蘭被強鄰三度瓜分，波蘭之所以能復國，正顯示波蘭文化自強不息的生命力。二十世紀「團結工會」推動波蘭和平改革，又為東歐國家民主化揭開序幕。波蘭的發展與歐洲歷史緊密相連，欲了解歐洲，應先對波蘭有所認識。

### 韓國史——悲劇的循環與宿命

位居東亞大陸與海洋的交接，注定了韓國命運的多舛，在中日兩國的股掌中輾轉，歷經戰亂的波及。然而國家的困窘，卻塑造出堅毅的民族性，愈挫愈勇，也為韓國打開另一扇新世紀之窗。

### 越南史——堅毅不屈的半島之龍

龍是越南祖先的形象化身，代表美好與神聖。這些特質彷彿也存在於越南人民的靈魂中，使其永不屈服於強權與失敗。且看越南如何以堅毅不撓的精神，開創歷史的新篇章。

### 印尼史——異中求同的海上神鷹

印尼是一個多元、複雜的國家——不論在地理或人文上都是如此。印尼國徽中，神鷹腳下牢牢地抓住 "Bhinneka Tunggal Ika" 這句古爪哇用語，意為「形體雖異，本質卻一」，也就是「異中求同」的意思。它似乎是這個國家最佳的寫照：掙扎在求同與存異之間，以期鞏固這個民族國家。

### 澳大利亞史——古大陸·新國度

懸於大洋中的古澳大利亞大陸，長年與世隔絕，有著豐富的奇特物種、壯闊的山河土地。自十七世紀伊始，遙遠彼端的歐洲人、相去不遠的亞洲人，逐步至此建立家園，打造出如南十字星般耀眼的嶄新國度。

## 伊朗史——創造世界局勢的國家

曾是「世界中心」的伊朗,如今卻轉變成負面印象的代名詞,以西方為主體的觀點淹沒了伊朗的聲音。本書嘗試站在伊朗的角度,重新思考那些我們習以為常的觀念與說法,深入介紹伊朗的歷史、文化、政治發展。伊朗的發展史,值得所有關心國際變化的讀者深入閱讀。

## 阿富汗史——戰爭與貧困蹂躪的國家

經歷異族入侵,列強覬覦,阿富汗人民建立民族國家,在大國夾縫中求生存,展現堅韌的生命力。然而內戰又使阿富汗陷於貧困與分裂,戰火轟隆下,傷痕累累的阿富汗該如何擺脫陰影,重獲新生?

國家圖書館出版品預行編目資料

尼泊爾史：雪峰之側的古老國度／洪霞著.－－增訂
二版一刷.－－臺北市：三民，2022
　　面；　公分.－－（國別史叢書）

　　ISBN 978-957-14-7342-0　（平裝）
　　1.歷史 2.尼泊爾

737.41　　　　　　　　　　　　　　110018907

國別史

# 尼泊爾史——雪峰之側的古老國度

| 作　者 | 洪　霞 |
| 發 行 人 | 劉振強 |
| 出 版 者 | 三民書局股份有限公司 |
| 地　址 | 臺北市復興北路 386 號 ( 復北門市 ) |
| | 臺北市重慶南路一段 61 號 ( 重南門市 ) |
| 電　話 | (02)25006600 |
| 網　址 | 三民網路書店 https://www.sanmin.com.tw |
| 出版日期 | 初版一刷 2004 年 3 月 |
| | 初版二刷 2014 年 6 月 |
| | 增訂二版一刷 2022 年 5 月 |
| 書籍編號 | S730160 |
| I S B N | 978-957-14-7342-0 |

三民書局